凱旋

9歳で
癌になった僕が
17歳で世界一に
なるまでの話

プロ車いすテニスプレイヤー
小田凱人

ぴあ

2023年5月。全仏オープンで初優勝を飾り歓喜のガッツポーズ

CONTENTS

プロローグ 8

CHAPTER 1
誕生〜小学校2年生
生い立ち、そしてプロサッカー選手を夢見ていた頃 25
家族について／凱人という名の由来
小学校時代の夢はサッカー日本代表選手になること／「ジャイアン凱人」と呼ばれて

CHAPTER 2
小学校3年生
突然の病魔・入院中に知った車いすテニスの魅力 49
忍び寄る病魔。原因不明の左足痛に悩まされる／9歳で迎えた人生の転機
初めて分かった友達の大切さ／入院生活すらも楽しんじゃえ／相棒との出会い

CHAPTER 3
小学校3年生〜小学校6年生
新たな夢は「車いすテニスで世界一に」 79
久々の学校生活はやっぱり楽しい／自分にできることが何かあるはず
車いすテニスって面白い／挨拶や礼儀の大切さを学ぶ／初の試合は大惨敗から始まった
病は完治せず。二度目の手術

CHAPTER 4
中学校1年生〜中学校3年生
初めての海外遠征。コロナ禍に負けず貫いた自分のテニス
初めての海外遠征／世界ジュニアマスターズで史上最年少優勝を果たす
コロナ禍を乗り越えて／東京パラリンピックへの道
105

CHAPTER 5
中学校卒業〜高校2年生
プロ転向。様々な史上最年少記録を塗り替えるために
パラスポーツの価値を高めたい／国枝慎吾さんの道をたどる／快進撃の最中に考えていたこと
15歳でプロへの転向を宣言／初めてのグランドスラムで得た手応え／憧れのレジェンドとの死闘
131

CHAPTER 6
高校2年生〜現在
憧れの存在から託された車いすテニス界
国枝さんからのラストメッセージ／僕のチャンピオンロード
凱人、凱旋門へ凱旋する／パリパラリンピックに向けて
161

エピローグ 182
小田凱人のあゆみ 190
小田凱人パーソナルデータ 192

プロローグ

夢は見るものではなく、叶えるもの。

僕はそう思う。

ただ頭の中で「ああなりたい、こうなりたい」と思い描いているだけでは、叶えられることはないだろう。

僕は夢や目標を言葉にしてきた。

口にすると呼びおこすことができると信じているから。

もちろん、プレッシャーがないと言えば嘘になる。

僕は大会の前に「この大会で優勝します」と口にする。

優勝できれば問題はないが、できなかった時は「大口を叩いたくせに……」などと批判の声が嫌でも耳に入ってくる。

でも外野の声は端から気にしていない。

僕は僕のやり方で夢を掴んできたからだ。

僕が初めて大勢の人前で夢を語ったのは、小学4年生の時だ。

2017年2月5日。場所は僕の母校である一宮市立瀬部小学校の教室だった。

この日、4年3組の教室では「二分の一成人式」が行われた。

児童一人ひとりが教室の前に出て、将来の夢や目標、親への感謝の気持ちなどを発表した。

保護者も来ていたので、教室は人でいっぱいの状態。ビデオカメラで撮影している親もたくさんいて、授業参観というよりは、さながら学芸会といった雰囲気だった。

そこで僕は次のような話をした。

「僕の将来の夢は車いすテニスで世界一になること。海外で活躍する選手になって、お母さんやお父さんに恩返しをしたい」

左足股関節の骨肉腫を発症してから約2年。

左足の自由が利かなくなった僕は、小さい頃に抱いていた「サッカー選手になる」という夢を諦めざるを得なかったが、入院中に新たに抱いた夢が世界一の車いすテニスプレイヤーになるというものだった。

入院中ずっと僕に付き添い、励まし続けてくれたお母さん。退院したその日からテニスの練習に付き合ってくれたお父さん。何かと迷惑をかけてしまった姉と弟。入院中の僕を支えてくれた家族のためにも、僕は本気でこの夢を叶える気でいた。だからこそ、僕はみんなの前で発表することにした。

発表中、自然と涙があふれ出た。

その涙は、僕の本気度の表れでもあった。

「いつか世界一になれたらいいな」程度の軽いものだったら、泣くことはなかっただろう。

単なる絵空事ではなく、必ず実現させるという強い気持ちが涙になって出てきたのだと思っている。

「二分の一成人式」から6年4カ月後の2023年6月10日。

僕は宣言した通り、世界一の車いすテニスプレイヤーになるチャンスを目の前にしていた。

世界4大大会（グランドスラム）の一つ、全仏オープンの決勝へと駒を進めていた。この試合に勝てば、ITF（国際テニス連盟）のポイントランキングでアルフィー・ヒューエット選手を抜いて世界1位になることが分かっていた。

しかも、史上最年少という記録付きだ。

さらに、グランドスラム初制覇でもある。

これについても、アルフィー選手が持つ記録を3歳近くも短縮し、史上最年少記録を更新することができる。

車いすテニス界で誰も成し遂げたことのない記録だ。僕の名前をテニス史に刻むチャンスだった。

戦いの舞台はフランス・パリの郊外にあるローランギャロス・スタジアム。

テニスプレイヤーなら誰もが「一度プレーをしてみたい」と憧れるテニスの聖地である。

そのセンターコートとなる「フィリップ・シャトリエ」は1万5000人以上の観客を収容する大きなスタジアムだ。その日は満員とはいかなかったが、それでも多くの人が観に来てくれて、とても嬉しかった。

僕たち車いすテニスプレイヤーは、公式戦ですら観客席のないコートで試合をすることもある。

だからこそ、この日は特別だった。

僕はアドレナリンが出まくりの状態で試合に臨んだ。

試合前のロッカールーム。

僕は熊田浩也コーチに宣言した。

「今日は絶対に勝ちます」

対戦相手のプレースタイルをイメージし、試合展開をシミュレーションすることが僕の試合前のルーティンだ。

例えば「バックハンドが苦手な選手なので、そこにボールを集めてチャンスボールが返ってきたところでウィナーを決める」とか、「相手の正面にサーブを打って、ネットに出る」とか、そういう作戦的なことを考える。

そして最後に、「イメージ通りのプレーができたら絶対に勝てる」と自分に言い聞かせて試合に臨むのだ。

ただしそれは、あくまでもイメージトレーニングでのこと。

あえて「勝ちます」とは口にしてこなかった。

僕の口からそんな力強い言葉が聞けるとは思っていなかったのだろう。

僕の決意を聞いた熊田コーチは、少し驚いたような表情を浮かべていたことを覚えている。

僕が「絶対に勝ちます」と宣言したのは、もちろん自分を鼓舞するためだ。

先ほども触れたように、この試合は僕にとってとても大事な試合だったからにほかならない。

僕の名前の由来にもなっている凱旋門のあるパリで、史上最年少記録をダブルで達成できるチャンスなど、滅多にあるものではない。そんな千に一つ、いや万に一つとも言えるチャンスをみすみす逃す手はないだろう。

メディアの注目度も上がるはずだし、多くの人に車いすテニスと言うスポーツがあることを知ってもらうチャンスでもある。

ここで勝たなかったらいつ勝つというのか。

僕にとってそれだけ大切な試合だった。


決勝戦の相手は世界ランキング1位（当時）だったアルフィー選手。とてもパワフルで強烈なショット、特にバックハンドが持ち味のプレイヤーだ。それまでの最年少記録を持っていた実力者である。

この試合の前までの対戦成績は僕の1勝6敗。かなり分が悪かった。僕より9歳上で、経験も豊富。簡単に勝てる相手じゃないことだけは確かだった。

とはいえ、こちらも夢を叶えるチャンスである。負ける気など、さらさらなかった。パワーを生かした自分のテニスで、主導権を握ることができれば絶対に負けることはないという勝算があった。

この日、熊田コーチと次のようなゲームプランを立てた。

①積極的に仕掛けて主導権を握る

②しつこく同じサイドにボールを集め、それから展開する

自分を信じて戦えば絶対に勝てる。

そう言い聞かせて試合に臨んだ。

第1セット第1ゲーム。コイントスで勝った僕は迷わずサーブを選ぶ。

攻めていこうという気持ちの表れだ。

通常、テニスはサーブを打つ選手の方が有利というのが常識だ。しかし、車いすテニスではそれほど有利でもなく、リターンの方が有利だとさえ言われるほどだ。

ただし、強いサーブをしっかりと打てれば、相手は崩せる。サーブの方が有利だと僕は思っている。

だからこそ僕はサーブを磨いてきた。今では「一番得意」と胸を張って言えるほど、

自分の武器になっている。

この試合で最初にサーブを選んだのも、得意のサーブで相手を崩していくという攻める気持ちの表れでもあった。

そんな思惑通り、ファーストサーブがしっかり決まり、攻撃の主導権を握ることができた。

相手に反撃する隙を与えずに最初のサービスゲームをキープした。

「今日の調子は良さそうだ」

自分自身の中で大きな手応えを感じる上々のスタートになった。


この日の僕は本当に調子が良く、サーブもストロークも狙った場所に強いボールを打つことができた。

一方、アルフィー選手は僕の勢いに少し押されていたようだ。

サーブをダブルフォールトしたり、リターンをネットにかけたりと、ミスが目立った。

その結果、僕は第4、第6ゲームでアルフィー選手のサービスゲームのブレークに成功。試合を優位に進めることができた。

第1セットは6－1。

王者を相手に完璧なスタートを切ることができた。

続く第2セットを取れば、史上最年少のグランドスラム制覇と世界ランク1位という夢が叶うことになる。

ただ、相手は王者。このまま黙っているような選手ではない。

気持ちを引き締めて僕はコートに向かった。

アルフィー選手のサーブで始まった第2セット第1ゲームは、10分近くに及ぶ長いゲームに。5度もデュースとなる粘り合いになったが、最後は会心のバックハンドを決めてブレークに成功した。

このゲームを取れたことで、僕は勢いに乗ることに成功。第2セットも優位に試合を進め、ゲームカウント4－2とリードした。

自分のテニスをすれば勝てる。

試合前自分にそう言い聞かせていたが、その言葉が少しずつ確信に変わっていくのを感じていた。

このまま一気に走ってしまおう。

そう思って戦っていたが、さすがにアルフィー選手も黙ってはいなかった。続く2ゲームを連取されゲームカウント4－4のタイに持ち込まれてしまう。

続くゲームはアルフィー選手のサービスゲーム。ここをキープされると、この試合で初めてリードを許すことになる。

それだけはどうしても避けたかった。勢いを持っていかれたくなかったからだ。

苦しい場面だからこそ、積極的に。

僕は自分自身にそう言い聞かせた。

守りに入ってしまうと、相手につけ込まれてしまう。それに消極的なプレーは僕らしくない。常に積極的に仕掛けるのが、小田凱人のテニスだ。

勝負どころとなった第2セット第9ゲーム。互いにポイントを奪い合う展開となったが、先にチャンスを迎えたのは僕だった。

ブレークチャンスで放ったバックハンドのストレートは、この日のベストショットとも言える一撃だった。

これでゲームカウントは5－4に。

相手コートのコーナーいっぱいに決まったのを見届けると、僕は両手を振って観客を煽った。

「次のゲームを取って勝ちます」という僕なりの表現だった。

今日は勝てるという確信の度合いがさらに増したのは言うまでもない。

あとはサービスゲームをキープさえすれば優勝である。

少し手を伸ばせば、世界の頂点が掴めるところにまで来ていた。

あと1ゲームを取れれば優勝できるという場面を迎えたら、気持ちがたかぶるに違いない。だからこそ心を落ち着かせる必要がある。

試合前のシミュレーションで、そんなことを考えていたが、実際には思っていた以上に冷静な自分がいた。

落ち着いて、でも攻める気持ちは忘れないで。

観客を煽りながらも、僕は冷静に考えていた。


いよいよ運命の第2セット第10ゲームが始まった。

ファーストサーブをネットにかけてしまったが、セカンドサーブに対するアルフィー選手のリターンがアウトとなった。

まずは1ポイント先取。

よし行ける！

胸の鼓動が速くなった。

続く二つのポイントは、今日の作戦テーマだった3球目攻撃が思い通りに決まった。

一気にチャンピオンシップポイントを迎えた。

あと1ポイントで夢にまで見た世界一だ。

次のサーブに向かうまでの間、僕が考えていたのは試合の終わらせ方だった。

いつものようにしっかりファーストサーブを打ち込み、相手のリターンが甘くなったところでウィナーを決める。

この日の僕はこんなことを考える余裕があった。

やっぱり終わらせ方は大事。

グランドスラム初優勝だし、このシーンは何度も繰り返し放送されることになると思うと、カッコよく締めたかった。


続く僕の打ったサーブをアルフィー選手がリターンしようとラケットにボールを当てた瞬間からは、まるで音のないスロービデオのようだった。

オーバーする。

相手のラケットからボールが飛び出した瞬間、僕は確信した。

予想通り、アルフィー選手のリターンは大きくエンドラインを超えていった。

実際にはほんの一瞬の出来事なのに、すごくゆっくり時間が流れているように。

史上最年少でのグランドスラム制覇と史上最年少での世界ランキング1位を同時に達成した瞬間。

本当はウィナーを決めて勝ちたかったのに……。

そんな思いが頭の中をよぎったのはほんの一瞬だけで、喜びのあまり、すぐにどこかへ吹き飛んでいってしまった。

試合に勝った喜び、夢を叶えたという達成感、これまで支えてくれた家族やスタッフへの感謝……。

ありとあらゆる感情が押し寄せてきて、気がついたら涙がとめどなくあふれていた。

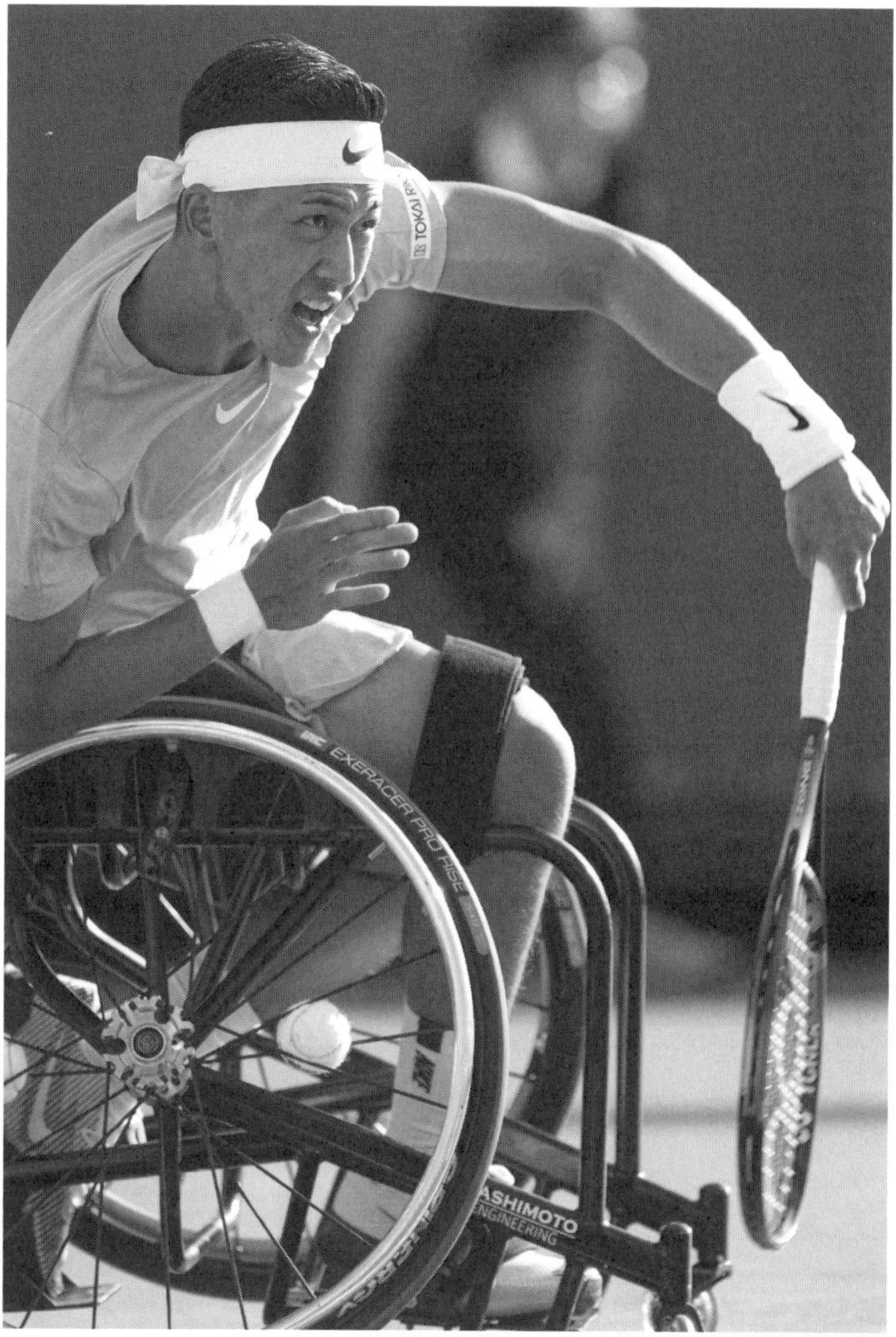

左腕から繰り出すパワフルなサーブやショットが持ち味

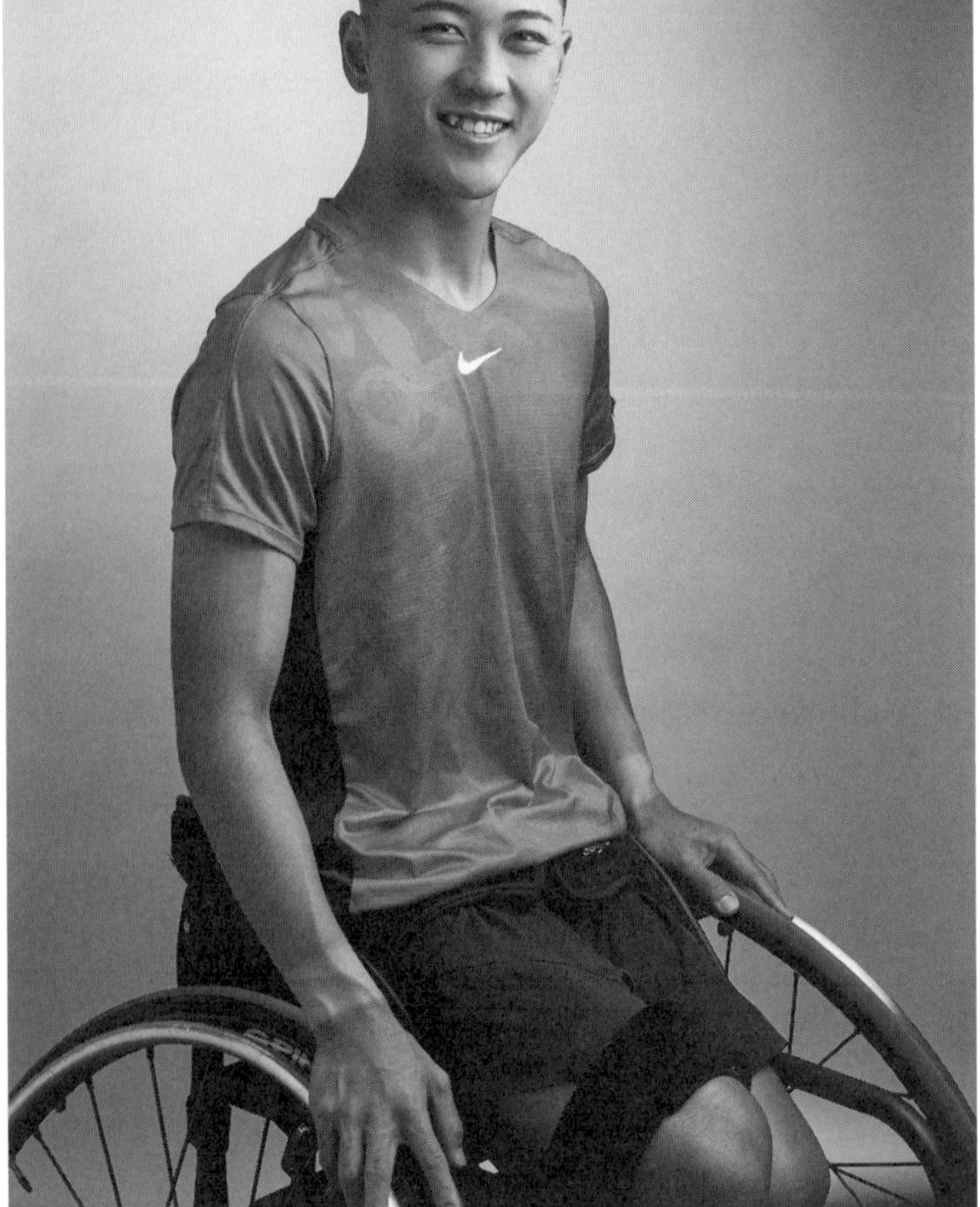

CHAPTER.1

誕生〜小学校2年生

生い立ち、そして プロサッカー選手を 夢見ていた頃

家族について

僕の家は父、母、僕より2歳上の姉、僕、4歳下の弟の5人家族だ。どこにでもあるような、ごく一般的な家庭だと思う。

自動車整備の仕事をしている父は、たくさんの趣味を持っている人だ。サーフィンをやるし、バイクにも乗る。音楽も大好きでよく聴いているし、ファッションにも強いこだわりを持っている。普段はアメリカンカジュアルの服を颯爽と着こなし、あちこち出かけている「イケおじ」だ。

僕の音楽好きは、間違いなく父の影響を受けている。

最近はヒップホップをよく聴いているが、実は尾崎豊が大好きだ。

子どもの頃、父がよくかけていたので、知らず知らずのうちに僕も聴くようになっていた。

尾崎の曲で一番のお気に入りは、『僕が僕であるために』。尾崎のファーストアルバムに収録されている名曲だ。

〽僕が僕であるために勝ち続けなきゃならない

サビに出てくるこのフレーズは、今の自分にピタッと当てはまる。

この歌を聴いていると、気持ちがグッと引き締まる。

「トッキー（僕のニックネーム）にこの曲の良さが分かるかなー」

子どもの頃、この曲を聴くたびに父はこう話していた。

その当時は歌詞の意味をあまり深く考えず聴いていたが、プロの車いすテニスプレイヤーとなった今では、僕にとって特別な一曲となった。

母は小田家の中心的な存在である。まるで太陽のように小田家を明るく照らしてくれている。

家族思いで、自分のことは後回し。とにかくみんなのために尽くしてくれる。

僕が骨肉腫を患い、9カ月間もの入院生活を余儀なくされた時には、ずっと僕に付き添い、励まし続けてくれた。

退院後に車いすテニスを始めた時も、送り迎えをしてくれたのは母だった。家のことなどで忙しかったはずなのに、そんなそぶりを見せることなく僕のために頑張ってくれていたのだと思うと、母には感謝の言葉しかない。

海外遠征が多い今は、離れて過ごすことが当たり前になってきた。その分、母の存在の大きさを感じている。

特に食事。母の手料理が恋しいと思うことが時折ある。日本に戻ってきて、母の作った料理を食べると、どこか心が落ち着くから不思議だ。

母の作る料理は忖度なしにどれも美味しいが、〝お袋の味〟は何かと聞かれたら、カレーライス一択だ。海外遠征が長くなるほど無性に食べたくなる。

姉は僕に対して複雑な感情を抱いているのではないかと思う。

病気の僕を心配する気持ちがある一方、そのせいで母親がそばにいない寂しい気持ちも味わったに違いないからだ。

僕の入院期間は家の手伝いをしつつ、弟の面倒も見てくれていたという。

もし僕が同じ立場に立たされたら、きっと不満を漏らしていたことだろう。

子どもながらにピンチの状況を察し、家族のためにいろいろと我慢をしてくれた姉には本当に頭の下がる思いだ。

僕の病気のせいで寂しい思いをさせたのは弟も一緒だ。母親の恋しい年頃に、甘えることができなかったのは辛かったことだろう。

少し歳も離れているし、幼いイメージが強かったが、最近は随分と頼もしくなってきた。

今はクラブチームに入ってサッカーに打ち込んでいるが、彼も大きな夢を周囲に語っているそうだ。

「トッキーの代わりに俺がサッカー選手になる」

なんとも嬉しいセリフだ。

でもサッカー選手である必要はない。

好きなことを見つけて、その道を突き進んだ末に、自分自身の夢を実現してほしい。

僕はその日が来ることを心の底から願っている。

凱人という名の由来

僕が生まれたのは、２００６年5月8日。身長は56センチ、体重は４０５０グラム。と言われてもピンとこないが、日本人の男子新生児の平均身長は49・２センチ、平均体重は３０７６グラムということだから、かなりのビッグサイズだ。

同じ時期に生まれた赤ん坊と並べると、僕は頭一つ大きかったそうだ。

そのため、お産も大変だったらしい。

母に聞いた話だと、夜に陣痛が始まり病院へ行ったものの、なかなか分娩できなかったという。数時間が経過しても生まれてくる気配がなかったため、最終的には翌朝に帝王切開の手術をすることになった。こうして僕は、晴れてこの世に生を受けることができた。

「ときとって珍しい名前ですよね」

そう声を掛けられることがよくある。

確かに僕以外の「ときと」さんとはこれまで出会ったことはない。

そういう意味では個性的で良い名前だと思う。もちろん、とても気に入っている。

「ときと」と名付けたのは父だ。

ある時、どうして「ときと」にしたのか、と尋ねたら次のような返事が返ってきた。

「『ときと』っていう音の響きが気に入っていたからだよ。男の子ができたら名付けようとずっと考えていたんだ」

「凱」という字は、どんな字にしようかあれこれ調べているうちに見つけたという。「形も意味も良かったので『凱』に決めた」と父は言った。

せっかくなので、辞書で意味を調べてみたら「戦に勝った時の喜びの声」のほか、「やわらぐ」「楽しむ」「なごやか」「おだやか」などと書いてあった。

確かに名前にするのに相応しい字だと思う。

凱旋門のあるパリで行われた全仏オープンを制覇し、グランドスラムチャンピオンと世界ランキング1位という史上最年少の二つの記録を達成し、日本に凱旋帰国をした時ほど「凱人」という名前を意識したことはなかった。

「名は体を表す」という言葉があるけれど、ここまでピッタリとはまるケースはそうはないだろう。何か不思議な力を感じる。父に「凱人」と名付けられた時から、全仏オープンで優勝する運命だったのかもしれない。


体の大きかった僕は元気に動き回る活発な赤ん坊だったそうだ。生後10カ月には歩き出していたという。歩き始めるのは1歳前後だというから、人より多少成長が早かったと言える。おまけに歩くスピードも速かったそうだ。

「興味があるものを見つけると、どんどんそっちの方に行っちゃうから、大変だったよ」

赤ん坊の頃の話題になると、母は決まってそう話す。

自分の性格を自己分析すると、好奇心旺盛でいろいろなものに関心を抱き、気に入ったものはとことん突き詰めていくタイプだと思っている。

ということは、生まれて間もない頃と、今の行動パターンは大して変わっていないことになる。

好奇心が旺盛でいろんなことに興味を示していた僕が、中でも一番のめり込んでいたのはボール遊びだった。家の中で遊べるように、と買ってもらったスポンジ製のボールで、とにかくずっと遊んでいたという。

幼い子にボールを与えると、普通は投げて遊びそうなものだが、僕は蹴って遊んでいたらしい。家の中だからといって遠慮などするわけがない。リビングがぐちゃぐちゃになるのもお構いなし。来る日も来る日も、遊ぶというよりは、激しく暴れ回っていたという。

僕に全く記憶はないし、自覚もない。が、親が言うのだから間違いないだろう。ボールを投げるのではなく蹴って遊んでいたことからも、もともとサッカーの素養があったに違いない。

ある時、近所の小学生がサッカーをしている様子をじっと見ていたことがあったそうだ。そんな僕を見た両親は、僕にサッカーをやらせてみようと思ったという。

僕が3歳の頃の話だ。

それで両親は、僕にサッカーボールと小さなゴールを買ってくれた。

このことは、実はかすかに記憶がある。

とにかくボールを蹴ることが楽しくて仕方がなかったことも、ぼんやりとだが覚えている。

とにかく、それまで以上にボール遊びにのめり込んでいった。

少年時代の夢はサッカー日本代表選手になること

将来はサッカー選手になる。

そんな思いを抱くようになったのは小学校に入学した頃のことだ。

校内のサッカーチームに入って本格的にサッカーを始めた。

小学校に上がるまではサッカーと言ってもゴールに向かって一人でボールを蹴っているだけだったが、一緒にプレーする仲間ができて、サッカーをする楽しさが一気に倍増していった。

今でも仲の良いタケやタイシ、トラなどと出会ったのもこの頃のことだ。

みんなでプレーするサッカーは本当に楽しかった。

一番好きだったのはシュート練習だ。

ゴール前には当然ゴールキーパーがいる。簡単にシュートは決まらない。

だからこそ、面白かった。

ポイントは、どうやって相手の守りを打ち破るのか。

あの手で行くか、この手で行くか。とにかくどうしたらゴールできるのかを、あれこれ考えることが楽しかった。

サッカーは最も得点の入りにくいスポーツだと言われている。ゴールをすることは簡単なことではない。

プロだろうが小学生だろうが得点を決めた時に、我を忘れて喜びを爆発させるのは、そのためだろう。

チームに入ったおかげで、僕は仲間と一緒にプレーする楽しさを知ることができた。

周囲より体が大きく、キック力のあった僕は、いつしかチームのキャプテンを任されるようになっていた。

もっと高いレベルでサッカーを。

サッカーを上達させるためには、周囲に僕よりもうまい選手ばかり揃っているような厳しい環境で揉まれるべきだと考えていた両親は、いつしかそんな思いを抱くようになっていたという。

せっかく本格的にサッカーをやるなら、プロを目指す気持ちで頑張ろう。

そんな思いで自宅から通うことのできるサッカークラブを片っ端から探した結果、FCディバインが見つかった。

将来、高いレベルでサッカーをすることを見据え、技術力を徹底的に磨き上げることに重点を置いたチームだというのが、両親が気に入ったポイントだ。

代表の方が元Jリーガーというのも魅力的だったらしい。

9月だったか10月だったかはっきり覚えていないが、小学1年生の秋頃に、僕は母に連れられてＦＣディバインの体験会に参加した。

初めてサッカーをやるという子どもが対象で、キックやトラップの基礎を教えてもらうものだった。

基本技術はチームでしっかりと習得済みだったので、練習を始めてしばらくすると、退屈になってきた。物足りなかったのかもしれない。

まさにそんなタイミングで、とあるコーチが母のところにやって来てこう言ったという。

「凱人君はプロを目指せる素質があります。選手コースに入りませんか」

ＦＣディバインの体験会に来た理由はまさにそれ。断る理由などあるはずなく、すぐに入団を決めた。

そこからサッカー漬けの毎日が始まった。

それまで楽しくサッカーをしてきた僕にとって、ＦＣディバインの練習は想像を絶するものだった。

まず大変だったのは、練習が長いことだ。平日は学校が終わってから2時間、遠征や試合のない土日ともなると7時間くらいはやっていたのではないだろうか。

体力には自信のある方だったが、とは言ってもまだ小学校1年生。僕には少しハードな内容だった。

練習のある日は、本当に疲れ切っていた。家に帰ってごはんを食べて、お風呂に入るのも面倒に思うほどだ。もちろん、宿題なんてやる気が起きなかった。

FCディバインのコンセプトは、個々の技術力を徹底的に磨くことだ。ボールを止める、蹴る、運ぶという基本技術を繰り返し練習することで身につける。この年代でしっかりとした技術を積み上げておけば、ずっと錆びることはないからだ。中学・高校、さらに上の年代で通用する選手になるためには、土台となる技術をしっかり身につけておくことが大切という考えが根底にある。

そんなチームなので技術練習にはことのほか時間をかけていた。

パスを受けた時、次に自分のプレーがしやすい場所にボールをコントロールするためのタッチ練習だけで1時間を費やすなんてこともザラにあった。

技術優先というスタンスは、試合でもはっきりとしていた。

ボールを持ったら、まずドリブルで仕掛けること。目の前の相手を剥がすプレーが求められた。一人をかわすことができたら、チャンスがそれだけ広がることになるからだ。

チャレンジをせず安易にパスを出したり、ピンチを防ぐために大きくクリアしたりして、厳しく怒られたことも。

試合をやる以上はもちろん勝利を目指したが、勝つことよりも、むしろ日頃練習していることの成果が出せるかどうかに重きが置かれていた。

小学校1年生と言えば、とにかく楽しくサッカーがしたい年頃である。

基礎技術をしっかりと身につけることの重要性は今でこそ理解できるが、その頃に理解しろと言うのは無理がある。

試合がしたい。それがダメならせめてシュート練習でも……。

ひたすら基本を反復をするという、僕にとってはつまらない練習をしながら、ずっとそんなことを思い続けていた。

正直に言うと、その頃の練習は、訓練あるいは修業のようだった。決して楽しいとは言えなかった。

基礎練習ばかりだったこともあるが、周りにうまい選手が多く引け目を感じていたことも大きな理由だ。

自分の技術の未熟さがもどかしく思える場面も少なくなかった。

それまでやっていた楽しいサッカーとは180度違う環境に戸惑っていたのかもしれない。

肉体的にも精神的にもきつい状態だったが、その時に助けとなったのが友人の存在だ。

同級生のタイシのことだ。

たまたま僕と同じくらいのタイミングでFCディバインに入団していたので、お互いに励まし合いながら頑張ることができた。

近くに分かり合える存在がいることの大切さを子どもながらに実感していた。

FCディバインのサッカーは決して楽しいものではなかったが、だからと言ってやめる気はなかった。

将来、日本代表になるためには、つまらないからと言って逃げ出すことだけは絶対にしたくなかった。

やる限りはうまくなりたい。うまくなるためには人の倍は練習しなければならない。そう考えた僕はそれまで以上に練習に打ち込むようになっていった。

ちなみにこの当時、ポジションは特に固定されておらず、試合によってフォワードをやる日もあれば、ディフェンスの日もあった。

好きだったのはもちろんフォワードだ。

僕は左足のキック力には自信を持っていたので、自主的にシュート練習もたくさんした。試合でも常にゴールを意識。ボールを持った時にチャンスがあったら、少し遠めからでもシュートを狙っていたほどだ。

当時、得意なプレーは何かと聞かれたら、間違いなく「シュートです」と答えていただろう。

やっぱりサッカーの花形と言ったらシュートだ。そんな思いが強かった。

「ジャイアン凱人」と呼ばれて

ここで少し話題を変えて小学校低学年時代の思い出をいくつか紹介したい。

良き仲間、良き恩師に恵まれ、僕の小学校生活はとても充実したものだった。

自分で言うのもどうかと思うけど、特に低学年の頃の僕は、何かと目立つ存在だった。

例えば、クラスで何かを決める時など、自分から積極的に発言して、みんなの意見をまとめていこうとするタイプだった。

その頃の僕をドラえもんのキャラクターで例えるなら、のび太でもスネ夫でもなくジャイアンだ。おそらくクラスメイトにもそのように思われていたのではないだろうか。

音痴だったこともジャイアンぽさを増幅させていたのかしれない。ちなみにリサイタルはしていない。

そういえば、母からジャイアンみたいと言われたこともあった。

ただ、自分の名誉のために言っておくが、人をいじめるようなことは絶対にしなかった。そのことだけは声を大にして言っておきたい。

目立っていたのは教室の中だけではない。学年で一、二を争うほど足の速かった僕は、運動場にいる時の方がむしろ目立っていたのではないだろうか。

そんな僕にとって最初の晴れ舞台となったのは、5月に開催された運動会だ。クライマックスは足の速いメンバーを集めて行う学年別のリレー。

クラスを代表して走ることはとても誇らしく、これまでに味わったことのない感情を味わうことができた。

興奮、感動、喜び……。

様々な感情が入り混じる。

座席に戻るとクラス中のみんなが興奮気味に「よくやった」などと迎えてくれた。

ただ、学校生活の全てが良い思い出ではない。苦い思いも味わっている。

それは1年生の冬に開催されたマラソン大会での出来事だ。

学年で一番足が速いと自負する僕は、当然のようにトップでゴールを切るつもりでいた。誰かに負けるなんて微塵も思っていなかった。

レースが始まると僕はどんどん後ろを引き離した。

ある一人を除いて。

その「ある一人」とはタイシだ。

親友でもあるタイシは、足の速さで学年ナンバーワンの座を争うライバルでもあった。

もちろん、彼と一騎打ちになるのは想定通りのことだった。

お互いに一歩も引かなかった。後続との差をどんどん広げ、抜きつぬかれつのデッドヒートを繰り広げていく。

しかし、最後の1周で離されてしまった。

結果は、タイシの勝利。

ショック、悔しさ、敗北感……。

まさかの負けに、気がついたら大号泣していた。


この話には続きがある。

あまりにも悔しかった僕は泣きながらもこんなことを考えていた。

「来年は絶対に一番になる」

リベンジを誓った僕は、2年生のマラソン大会が近づくと密かに自主練習を始めることに。学校から帰ってくると近所をランニングした。長い距離を走る体力をつけ、本番に挑んだ。

そして迎えた大会当日。

「今年は勝つ」と強い思いを持って走り始めた。

レース展開は1年生の時と全く同じ。タイシと僕が早々に抜け出しての一騎打ちとなった。タイシも流石に速かったが、この日の僕は気合が違った。

結果は1年前とは反対のものに。

タイシにリベンジしたい。

その一心だった。

その後、プロの車いすテニスプレイヤーとして、幾度となく同じような経験をすることになるが、小学校1、2年生のマラソン大会は僕の競技者としての原点と言えるものになったと思う。

一つ残念なのは、タイシと真剣に戦う機会がこれで最後になってしまったことだ。

小学校2年生の持久走で1番になり喜ぶ様子

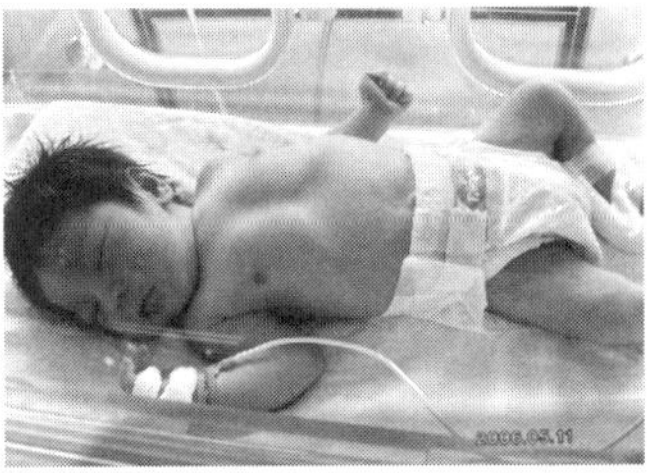

生まれたばかりの様子。身長も体重もビッグサイズだった

サッカー日本代表選手を夢見ていた8歳の頃

幼稚園での一コマ。足が速く、体を動かすのが大好きだった

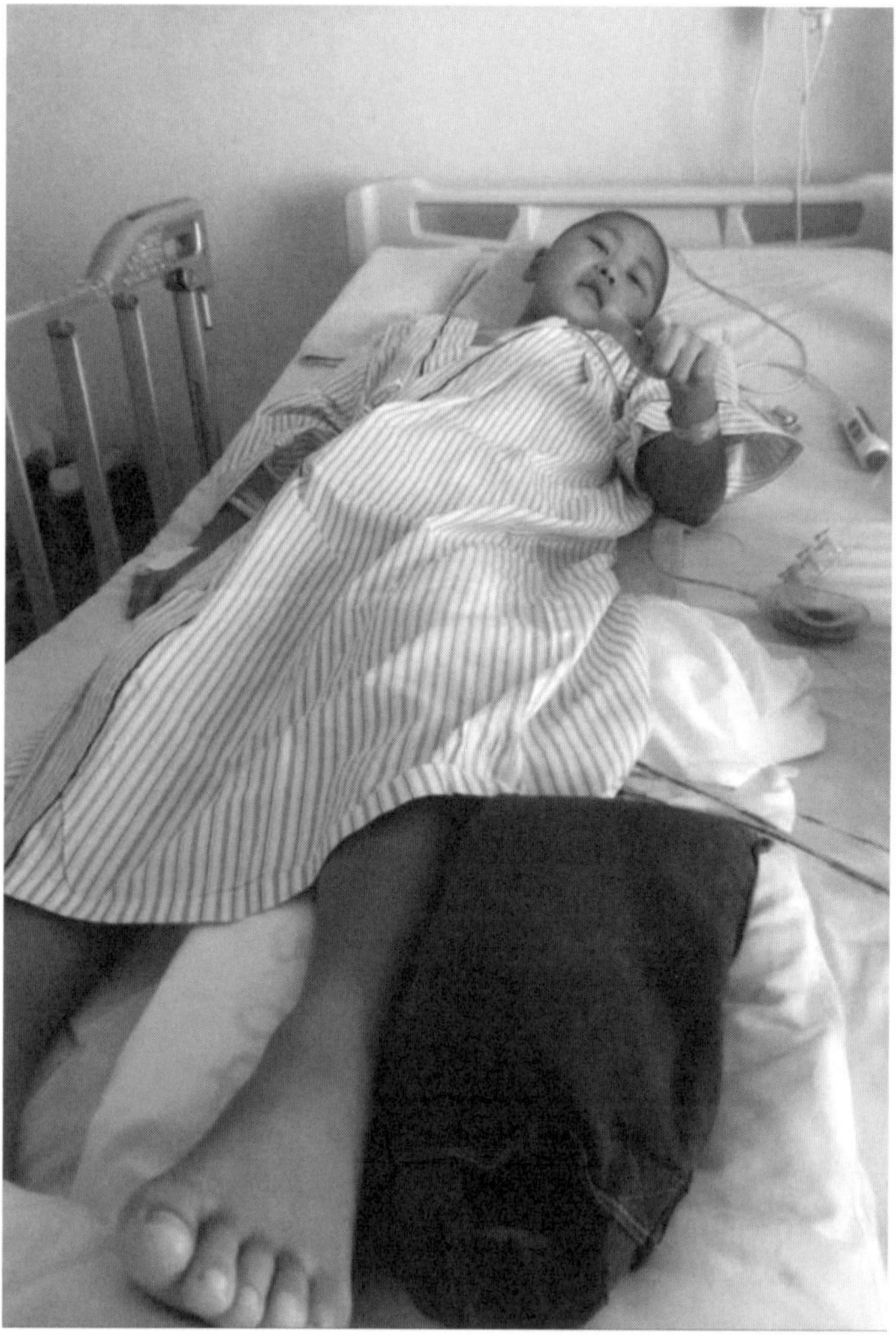

入院生活は9カ月にも及んだ

CHAPTER.2

小学校3年生
突然の病魔。
入院中に知った
車いすテニスの魅力

忍び寄る病魔。原因不明の左足痛に悩まされる

最初に左足に痛みを感じたのは、確か小学校2年生の終わりだった。3月頃だと記憶している。

サッカーの練習をしている時にズキンときた。

ただ、痛みと言っても耐えられないほど重いものではなかった。

「おそらく筋肉痛。時間が経てば自然に治るだろう」

僕の認識はこの程度のものだった。

まさか、大好きなサッカーができなくなるほど深刻なものになるとは、この時点では全く予想できなかった。

ただの筋肉痛だと思っていた足のズキズキは、小学校3年生に進級した後も消えることはなかった。

初めは運動をした後に出てくる程度だったが、時間の経過とともに痛みを感じる頻度が多くなっていった。

湿布を貼ったり、マッサージをしたりしてみたが、痛みが引くことはなかった。

近所の接骨院に通い始めたのもこの頃だ。

この痛みがなくなるのであれば、できることはなんでもする。

そうした思いとは裏腹に、足の痛みは一向に引いてくれない。それどころか、5月に入るとさらに悪化しているようだった。

その頃にはすでに、運動をするのに支障が出るようになっていた。

小学校のサッカースクールの試合があったある日のこと、あまりにも足が痛くて、アップ中に大泣きしてしまったことがあったという。

「試合に出たくない！」

突然そう言い出して、みんなを困らせてしまったそうだ。

なぜ「そうだ」とか「という」とか、伝聞の形式かというと、僕自身がそのことをまったく覚えていないからだ。

両親が口を揃えて「そんなことがあった」と言っているので、本当にあった話なのだろう。覚えていないはずのないような出来事なのだが、本当に頭の片隅にも残っていない。

僕は痛みへの耐性は強い方だと思っている。あまり良くないことかもしれないが、多少体が痛くても、無理をしてでも出場したがるタイプだ。そんな僕が「試合に出たくない」と言ったのは、よっぽどの痛みだったのではないだろうか。

結局その試合は、フィールドプレーヤーではなく、ゴールキーパーとして出場した。試合に出たくないと言って泣いたことは覚えていないが、自慢のキック力が日に日に落ちていったことに焦りを感じていたことは覚えている。


足の速さにも自信があったが、痛い足をかばって走るため、どうしてもスピードが落ちてしまう。

そんな現実を突きつけられたのが、小学校3年生の運動会だった。

この年も当たり前のようにリレーのメンバーに選ばれ、第一走者を任された。

周囲の期待はもちろんトップで次のランナーにバトンを渡すことだ。

「少し足は痛むけど、長い距離を走るわけでもないし、普通に走れば負けることはない」

こんなことを考えてレースに臨んだ。

スタートの合図とともに僕は勢いよく走り出した……。はずだったが、思うようにスピードが上がらない。トップでバトンを渡すはずが、結局3位で渡すことに。一緒に走る相手だって、足に自信のある人ばかりだ。痛む左足をかばいながら走って勝てるわけがなかったのだが、ケガをしていたとは言え、自分が3位だったことはショックだった。

9歳で迎えた人生の転機

足の痛みは治まるどころかどんどん増していく。靴下を履くことができないほどの激痛に襲われる時もあった。病院できちんと診てもらおう。

さすがにそういう話になり、母の友人の紹介で近所の整形外科へ。6月はじめのことだった。

レントゲンを撮影したところ、左足の太ももの辺りに7センチほどの大きさの腫瘍らしき影が……。

「すぐに大きな病院で診てもらってください」

整形外科の先生はそう告げた。

翌日、総合病院病院へ足を運んだ。

一通り診察をしてもらった後に言われたのは、さらに大きな病院へ紹介状を書くというものだった。

名古屋大学病院（名大病院）を紹介され、またその翌朝に同病院へ。

後で知った話だが、名大病院は東海エリアの小児がん治療の拠点病院。経験豊富な医師や看護師がいて、治療環境も整っている。

自宅から遠くの大きな病院へ行くというだけで「何か重い病気かもしれない」と心配な気持ちでいっぱいだった。

しかも、両親の様子もいつもと違う。二人とも、明らかに動揺している感じだった。

「僕はいったいどうなってしまうのだろう」

名大病院へ行く前日は、不安で眠れない夜を過ごした。

名大病院を初めて訪れた2015年6月12日は、僕にとってある意味で運命の1日となった。

主治医の先生の診察を受けた後、付き添いで来ていた母と僕は先生から次のようなことを告げられた。

「凱人君の病気は骨肉腫でほぼ間違いありません」

「腫瘍を取り除く手術が必要になります」

「すぐに入院が必要です。退院までには9~10カ月程度はかかる見通しです」

僕は先生の言葉を理解しようと努力したが、正直なところ何を言っているのかがあまり理解できていなかった。

その当時、僕はまだ9歳。だから無理もないだろう。

とても重い病気にかかってしまったということだけは、子どもながらに理解できた。

一方の母は、近所の整形外科でレントゲン写真を見てから、インターネットで病気のことをいろいろと調べていたようだ。僕の病気はおそらく骨肉腫ではないかとある程度は覚悟していたという。

それでも、正式に診断されるまでは心のどこかで「何かの間違いであってほしい」と思っていたという。

だから、先生の話を聞いた時、母は「目の前が真っ暗になった」と後になって語っている。

絶望的な気持ちで診察室から出た母は、僕を抱きしめて人目も憚らず声をあげて泣いた。そして一緒になって僕も泣きじゃくったそうだ。

まるでドラマのようなシーンだが、僕ははっきりと覚えていない。

ところどころ僕の記憶が不確かなのはなぜだろう
一つ考えられることは小学校3年生の子どもには、あまりに辛く、あまりに苛酷な出来事だったということだ。

嫌な出来事を忘れるため、記憶から消し去ったのかもしれない。

もう一つ考えられるのは、僕にとって骨肉腫はたいした病気ではなかったということだ。

あくまで後々の話だが、骨肉腫を発症したから、僕は車いすテニスに出合うことができたと思っている。

だからこそ、周りが思うほど病気をそれほど深刻な事態として受け止めていない。

病気に関連する事柄を覚えていないのは、そうした思いがあるからではないかとも推察している。

病気にかかることはネガティブに思われがちだが、決して良くないことだけではないと僕は思っている。

重い病気にかかり、それを克服したことで、僕の中での価値観が変わった。

車いすテニスは障がい者が楽しむスポーツだ。健常者にはできない。

僕はそこに価値を感じている。

難病にかかりながらもそれを克服し、車いすテニスの頂点に立った僕のことを「悲劇のヒーロー」として取り上げられることも少なくない。

でも僕自身は、自分のことを「悲劇のヒーロー」だと思ったことはただの一度もない。なぜかと言うと、病気になったことを悲劇だとは捉えていないからだ。むしろ、「車いすテニスプレイヤーになるための良い転機になった」としか思っていない。

誤解を恐れずに言うと、「9歳で病気にかかってラッキーだった」とさえ思っている。

一般的に骨肉腫は10代になって発症するケースが多い。もし、僕も10代になってからこの病気にかかっていたら、史上最年少でのグランドスラム制覇も世界ランキング1位も達成することはなかっただろう。

そういう観点から病気を捉えると、9歳で発症したことはむしろ幸運だったと言えるのではないだろうか。

もちろん、当時の僕がそこまで考えることはできないのだが……。

初めて分かった友達の大切さ

僕が発症した病気の正式な病名は、左股関節の骨肉腫だ。

骨肉腫という病名は、多くの人が一度は耳にしたことがあるのではないだろうか。

ただ、「どんな病気なのか」と聞かれたら、正確に答えることができる人はそう多くはないと思う。

国立がん研究センターが運営する「がん情報サービス」というウェブサイトを参考に、改めて骨肉腫という病気について説明したい。多くの人にこの病気のことを理解してほしいからだ。

「がん情報サービス」では骨肉腫を次のように説明している。

「骨に発生する悪性腫瘍（がん）の中で最も頻度の高い代表的ながんです。10歳代の思春期、すなわち中学生や高校生くらいの年齢に発生しやすい病気ですが、約3割は40歳以上で発生します。日本国内でこの病気にかかる人は1年間に200人くらいであり、がんの中では非常に稀な部類に入ります」

この日から病気に打ち勝つという僕の新たな挑戦が始まった。

僕の治療は主に３つのフェーズで行われていった。

①術前化学療法

抗がん剤を使用した化学療法を３カ月ほど実施。目的は足にできた腫瘍を縮小させるため。

②外科手術

小さくなった腫瘍を摘出。その箇所を金属へ置き換える。

③術後化学療法

再び抗がん剤を使用した化学療法を数カ月間実施。腫瘍が他の臓器などに転移していないかなどを含めて術後の経過を観察する。

抗がん剤治療は血液検査の主治医がいる名古屋医療センターで行うため、そちらへ転院。手術を担当する整形外科の先生が週に一度名大病院から名古屋医療センターへ来て診察をしてくれることに。

入院をするにあたって心残りが一つあった。

それは、友達やクラスメイトに話す機会がなかったことだ。大好きなクラスで学校に行くのが楽しかったので、みんなに会えないまま離れるのは本当に寂しかった。

主治医の先生の話によれば、治療が順調に行けば翌年の3月には退院できる見通しだという。

3年生のうちに退院して教室に戻る！

僕はそんな目標を立てた。入院生活を送る上でのモチベーションとなった。

生まれて初めての入院生活は、辛いことも少なくなかった。

まず大変だったのが、抗がん剤治療だ。

手術をするまでの3カ月、1～2週間に1度の割合で抗がん剤が投与されていく。

薬が投与されてしばらくすると、めまいと吐き気が襲ってくる。症状がすぐに治まるのであれば、なんとか我慢もできる。しかし、2～3日もずっと続くのは辛かった。抗がん剤が投与される日の朝は本当に憂鬱な気持ちになったものだ。

副作用で髪の毛が抜けてしまった時は恐怖でしかなかった。

9カ月の入院期間に術前と術後を合わせて合計17回も、僕の体に抗がん剤が投与された。この辛さは実際に味わった者にしか分からないだろう。

大人でさえ音を上げてしまうような辛い治療を、子どもの僕が合計17回もよく耐えたものだ。「もう一度やれ」と言われても二度とできないだろう。

小学校3年生のうちに退院することを一つの目標としていたという話には先程触れたが、もう一つ大きな目標を持って入院生活を送っていた。

それは、完治させてもう一度サッカーをすることだ。

ある日、仲間たちから送られてきた1本のメッセージ動画が、僕を奮い立たせてくれた。

動画の冒頭に出てきたのは、近所の公園だ。

「小さい頃によく遊んだなあ」

そんな懐かしい気持ちで見ていたのだが、横で一緒に見ていた母はそのシーンだけで泣き出してしまっていた。

「そんなに泣かれたら、こっちも泣きそうになるじゃんか」

もらい泣きしそうになる気持ちを抑えながら見進めていく。

カメラが見覚えのある3人を映し出した。

タケとタイシとトラだ。

彼らはちょっと照れくさそうに、カメラに向かって呼びかけた。

「また一緒にサッカーをやって、この前負けた相手にリベンジしようぜ！」

そのセリフを聞いた瞬間、涙が堰を切ったように溢れ出てきた。隣にいる母も嗚咽している。

母と僕はまたもや抱き合ってしばらくの間泣きじゃくった。骨肉腫と診断された日以来のことだ。

あの時は不安の涙だったが、今度はうれし涙だった。

素晴らしい仲間が僕の帰りを待ってくれている。

そう思うと勇気が湧いてきた。

早く退院して、みんなと一緒にサッカーをする。

そう心に誓った。

普通に「一緒にサッカーをやろう」というセリフよりも、「リベンジしよう」というセリフの方が僕の心に刺さると思い、みんなで決めたと後でタケが教えてくれた。

病気なんかに負けていられない。

タケたちの策略にまんまとハマった僕は、それまでにも増して前向きに治療生活を送るようになった。

一緒に遊んでいる時は全く思いもしなかったが、友達の存在がとてつもなく大きなものだと入院したことで気づくことができた。離れていても心が通じ合えている友達がいるということは、それだけで安心感が違う。

友達のことを大切にしよう。

当たり前のことではないか、と思うかもしれないが、失うかもしれないからこそ、その大切さに気づくことができた。病気になってラッキーなことの一つだと言える。

術前の抗がん剤を使った化学療法は予定通りに消化。腫瘍も縮小したため、いよいよ9月に腫瘍の摘出手術を行った。

執刀医の先生は、普段の診察時から真剣に僕と向き合ってくれる信頼できる方だったので、不安もなく安心して手術に臨むことができた。

手術の内容は腫瘍のできた骨とその周りの筋肉の一部を切除して、その部分に人工の関節を埋め込むというものだ。

僕の場合は左足の骨頭（大腿骨の先端にある丸い部分）と大腿骨の一部を切除している。数時間に及ぶ手術は無事に成功。術後の化学療法と運動機能回復のためのリハビリテーションを行う次のフェーズへと入っていくことになった。

手術後のリハビリでは、歩行器を使って歩く訓練や、松葉杖を使って階段の上り下りを行う訓練などを行った。思うように歩けず、もどかしい思いをする中で、僕の中である一つの考えが膨らんでいった。

サッカーをするのはもう無理かもしれない……。

ある夜、病室でサッカー日本代表のテレビ中継を見ながら母に話しかけてみた。

「俺、もうサッカーはできないよね」

母は返事もうなずきもしなかった。あえてリアクションをしなかったのだと思うが、それですべてが理解できた。

その瞬間、プロサッカー選手になるという一つの夢に区切りをつけた。

もっと取り乱したり、落ち込んだりするのかと思っていたが、そんなことはなかった。

松葉杖を使えば歩けるし、足がなくなったわけでもない。同じ病気で足を切断してしまった人もいることを考えれば、自分はまだ良い方ではないか。そんなことをぐるぐると頭の中で考えていた。

確かにサッカーができなくなることは残念だけど、それを良くないことにするかどうかは自分次第。「できなくなってしまった」といつまでも落ち込んでいるよりは、「できることを見つけよう」と前を向いたほうがよっぽどいい。

もちろん、すぐに前向きになれたわけではない。葛藤の末、現実を受け入れ、その中で自分自身を良い方向へ導く術を見つけ出していった。

入院生活すらも楽しんじゃえ

長い入院生活と聞くとどうしてもネガティブな話が中心となってしまいがちだが、もちろん辛い話ばかりだったわけではない。さまざまな人との良き出会いがあり、楽しい思い出もたくさんできた。

9カ月にも及ぶ入院生活が終わり退院する時は、患者仲間や看護師さんなどの病院スタッフと別れるのが辛すぎて、泣いてしまったほどである。

病院というと、どうしても負のイメージで捉えられがちだが、決してそうではないということを知ってもらいたい。

僕の入院していた名古屋医療センターは小児科病棟があり、常に15～20人前後の子どもたちが入院している。そのため院内学級があり、入院患者はここで学校の授業を受けることができる。

僕は決して勉強が好きではなかったが、院内学級にはできるだけ顔を出すようにしていた。抗がん剤治療を担当するもう一人の主治医の先生に「学校に戻った時に困らないよう勉強をしておくように」と釘を刺されていたこともあるが、みんなで一緒になって勉強をする雰囲気が嫌いではなかったからだ。

病室は４人部屋だったけど、昼間はそれぞれのカーテンをオープンにして、ずっとおしゃべりをしていた。

そもそものきっかけは、隣のベッドに年下の元気な男の子がいたので、少し話してみようかとちょっとだけカーテンを開けてみたことだ。せっかく一緒の部屋になったんだから、みんなと仲良くなりたいと話しかけてみたら、思いのほか盛り上がった。

次の日はもっと大きく、また次の日はさらに大きく、とカーテンを開けて話すようになったら、それが部屋全体に広がっていったのだ。

症状は違っても病気で入院しているという共通項があるため、すぐに仲良くなることができたのではないだろうか。今となっては楽しい思い出だ。

入院している間、病室では色々な遊びが流行った。中でも印象に残っているのは手品だ。名古屋医療センターの小児科では、大道芸人に来てもらうイベントを定期的に開催していた。僕もとても楽しみにしていた時間の一つだ。

ある時に来てくれたのが、バルーンパフォーマー。1本の細長い風船から動物やら何やらの形をあっという間に作ってくれるパフォーマンスを見せてくれた。すご技を間近に見た僕は、僕も何かやってみたいと思うように。そこで手品に挑戦することにした。

チャレンジしたのはトランプマジック。母にトランプと教本を買ってきてもらい、一生懸命練習をした。ある程度上達したら、病室の仲間はもちろん、主治医やリハビリの先生、看護師さんなど誰彼構わずつかまえては披露した。

マジックの醍醐味は目の前の相手の反応がダイレクトに分かることだ。

「えっ、どうして?」などと言って驚いた顔を見るのが楽しみだった。

「フィンガーボード」にもハマった。長さ10センチほどのサイズの小さいスケートボードのことだ。手の中指と人差し指で操作をするので「指スケ」などと呼ばれることもある。

意外とボードの扱いが難しく、奥の深い遊びだ。例えば、ボードをクルッと1回転させる技。本物のスケボーの競技でも披露される大技だ。

一見すると簡単にできてしまいそうだが、これが意外と難しい。好奇心旺盛な僕は、できないとできるまでやり通したくなるため、1~2時間ほどぶっ続けでやることも珍しくなかった。

指スケの魅力にすっかりハマってしまった僕は、病院の売店で不要になった段ボールをもらってきて、お手製のスケボーパーク作りに精を出した。

自分で作った難易度の高いセクションを攻略することができた時の達成感はなかなかのもの。入院して時間を持て余している人には、ぜひともお勧めしたい。

相棒との出会い

紹介してきたように、僕の入院生活はただただ辛いだけのものではなく、むしろ楽しいことの多いものだった。

それは名古屋医療センターのスタッフが、さまざまなイベントを実施するなど、入院している子どもたちが少しでも前向きになれるようにと考えてくれていたからに違いない。

２０１５年11月10日に病院内で行われたイベントでは、トランプマジックも指スケも吹っ飛んでしまうほど、僕を熱中させてくれるものとの出合いがあった。

それは僕のその後の人生を大きく変えたと言っても言い過ぎではないもの。まさに人生のターニングポイントだ。

名古屋医療センターの体育館で行われた、パラスポーツの体験会。トップパラアスリートを講師として招いて、一緒にそのスポーツを楽しもうというものだ。

その日に体験したのはフライングディスク。プラスチック製の円盤（ディスク）を投げて飛距離や正確性を競う競技だ。

久しぶりに体を動かすことができてとても楽しい1日となった。

中でも面白すぎてやばかったのが、競技用の車いすだ。初めて目にした競技用の車いすは病院の中で乗っているものと違い、タイヤがカタカナのハの字のようについていて見た目からしてかっこよかった。

そして、いざ乗ってみた時の衝撃は今でも忘れることができない。

少しタイヤを漕いだだけで、スーッとスピードが出て、室内なのに風を感じることができたのだ。

あまりにも面白かったのでフライングディスクそっちのけで体育館の中を縦横無尽に動きまくった。

「危ないから暴走はやめなさい」と先生からたしなめられたほどだった。

競技用の車いすに乗ってスポーツをしてみたい。

そんな思いが頭に浮かんだ。

それが後に、僕の相棒となるなんて……。

その時はまったく思っていなかった。

それ以来、動画でさまざまなパラスポーツを見る日々が始まった。

陸上、ラグビー、バスケットボール、バドミントン……

競技用車いすを使ったパラスポーツは実に多くあることを知った。その中で最も心を動かされ、絶対やってみたいと思ったのが車いすテニスだった。

その決め手となったのは、ある人物の存在だった。

その人の名は国枝慎吾さん。

パラリンピックで3度の金メダルを獲得するなど、輝かしい成績を残している車いすテニス界のレジェンドだ。

僕が何度も見たのは2012年のロンドンパラリンピック、車いすテニスの決勝戦の動画だ。国枝さんと、まだ今も現役としてプレーをしているステファン・ウデ選手（フランス）が、緊張感の漂う中で戦っている姿に心を奪われた。

颯爽と車いすを乗りこなし、いとも簡単にスーパーショットを決める国枝さん。優勝を決め、涙を流しながら日の丸の旗を掲げる国枝さん。金メダルを首にかける国枝さん。どの国枝さんも最高にかっこよかった。

いつかは僕も国枝さんみたいになりたい。

サッカー選手になりたいという夢が絶たればかりだったが、ちょうど入れ替わりで見つかった新たな夢となった。

退院したら車いすテニスをやろう。

そう心に決めた僕は、貯めていたお年玉ですぐにテニスラケットを買うことにした。

車いすテニスプレイヤーになると決めた日から退院するまでの残り数カ月の間、僕は今まで以上に真剣にリハビリに取り組んだ。リハビリの先生も、そんな僕の気持ちを知って、負荷の高いメニューを組んでくれた。

マシンを使った筋力トレーニングなどは、かなりハードな内容だったが、明確な目標があるおかげで歯を食いしばって食らいつくことができた。

トレーニングばかりでは気が滅入ってしまうからと、「卓球の勝負をしよう」と持ちかけてくれたのはリハビリの先生らしい気遣いだったと思う。

ただし、勝負は別の話。お互いに真剣モードになってやる卓球はとても楽しかった。入院生活の中でも大切にしたい思い出の一つだ。

こうやって振り返ると、やはり入院生活は悪いことばかりではないと思う。

もちろん、医師や看護師などのスタッフの方々、心の通じ合える同室の仲間など、周囲に恵まれたこともあるが、ポジティブな気持ちさえあれば、入院生活も楽しく過ごすことができるはずだ。

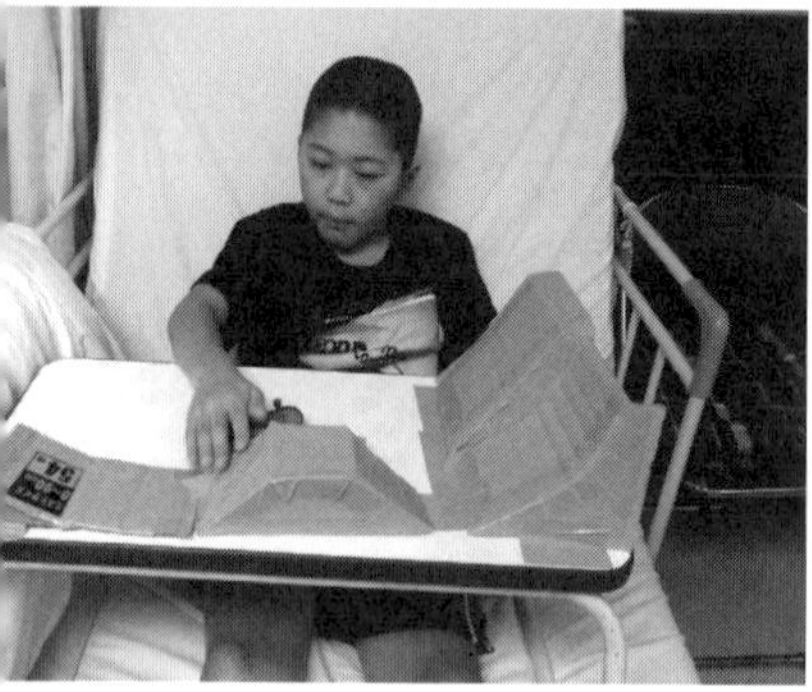

段ボールで作ったお手製のスケートパークで指スケを楽しむ

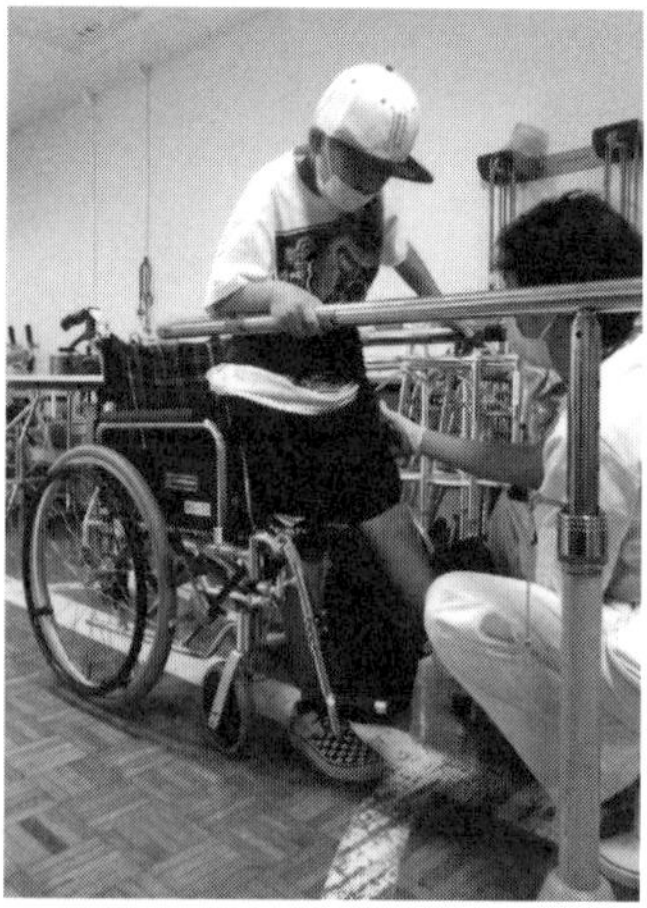

車いすテニスプレイヤーになるためリハビリには真剣に取り組んだ

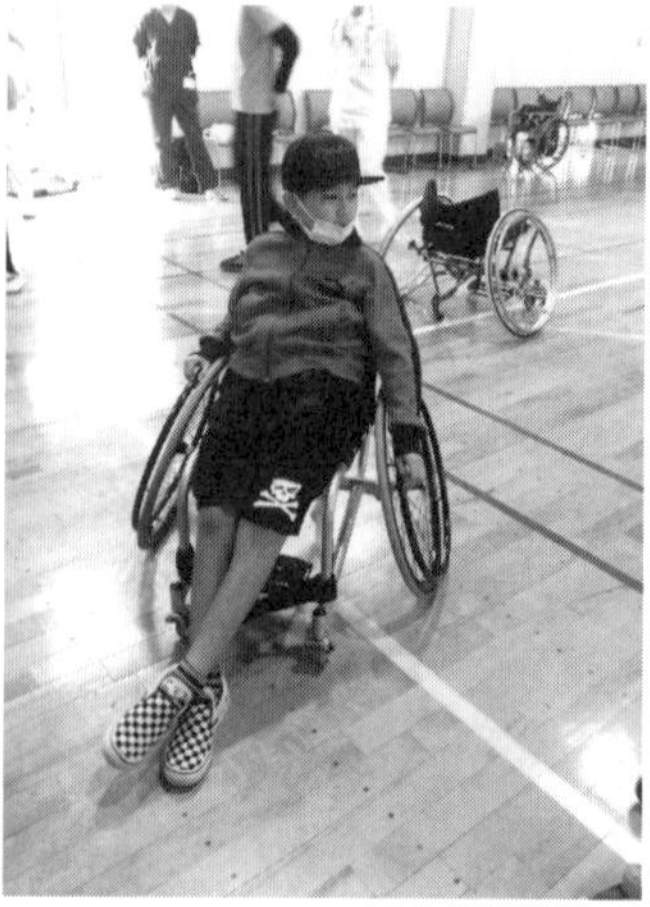

初めて競技用の車いすに乗った時の爽快感は忘れられない

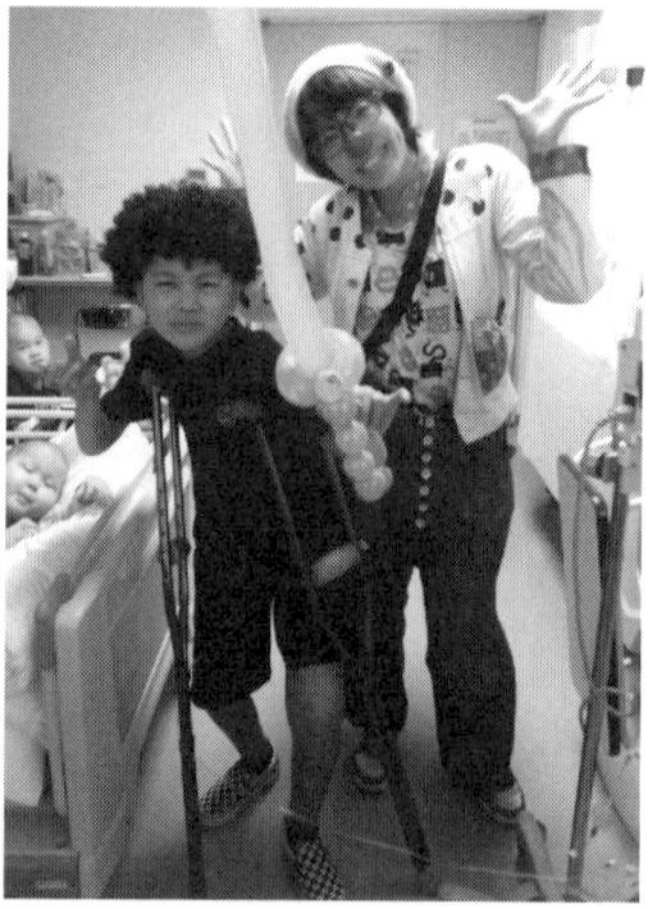

病院を訪れたバルーンパフォーマーと共に。入院生活は思い切り楽しんだ

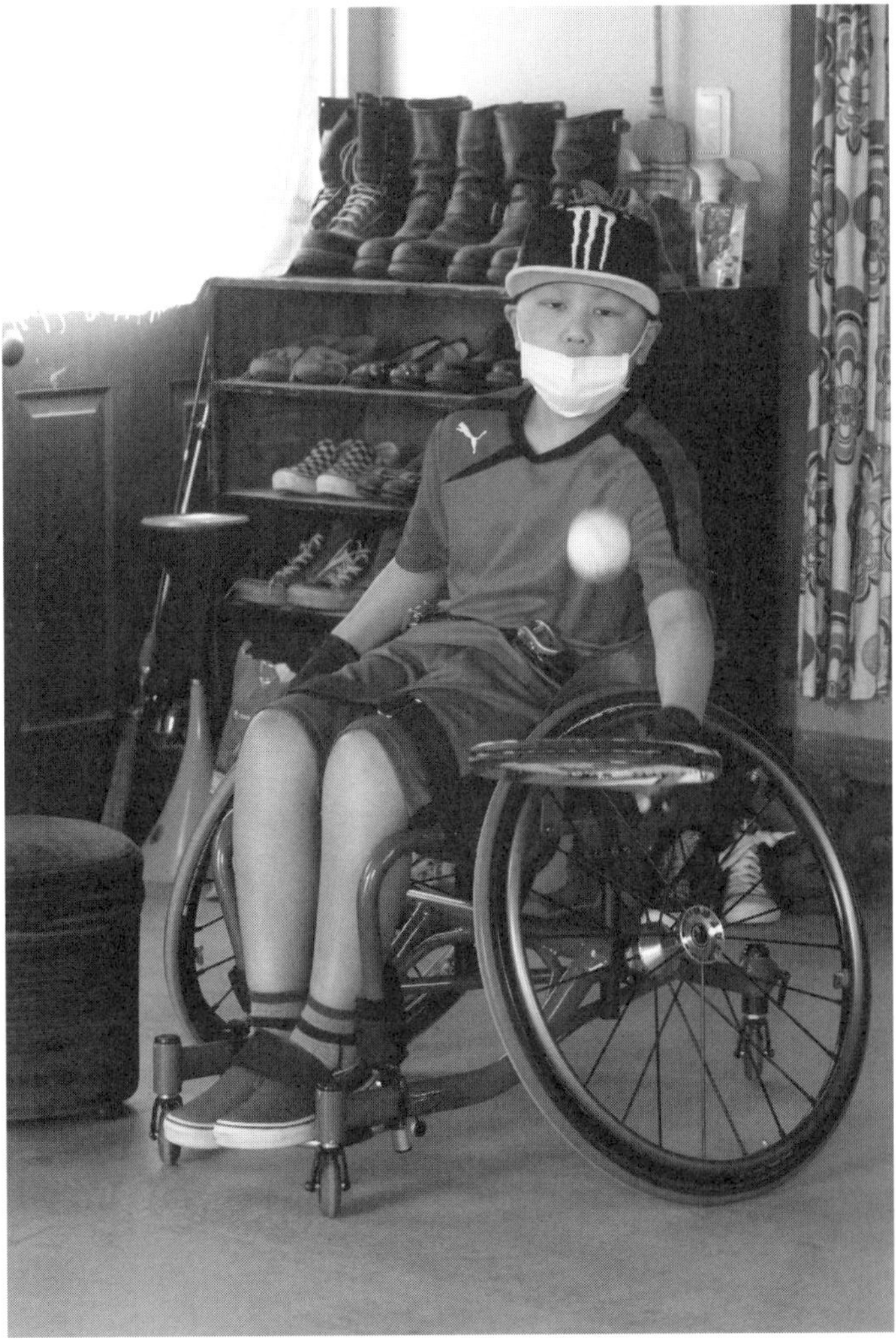

退院後、自宅で車いすテニスの練習をしている様子

CHAPTER.3

小学校3年生～小学校6年生

新たな夢は「車いすテニスで世界一に」

久々の学校生活はやっぱり楽しい

僕が名古屋医療センターを退院したのは2016年3月のことだった。

ようやく家に戻れるという安堵感がある一方、病院で知り合った仲間や闘病生活を支えてくれた医師や看護師さんと別れるのは辛く、複雑な気持ちが入り混じっていた。退院すると言っても悪性腫瘍が他の臓器に転移する恐れがあり、完治したというわけではない。そうした状況が、複雑な思いに輪をかけていた。

そんな僕が家に帰ってから、どうしてもやりたいことが一つだけあった。

それはテニスだ。

お年玉をはたいて買ったラケットで一刻も早くボールを思い切り打ちたかったのだ。うずうずしていた僕は、家に戻るなり父を誘い、一緒に近所の公園へ行き、テニスをした。

コートもなければ、ネットもない。ただラケットでボールを打ち合っていただけのことだが、楽しくて仕方がなかった。

それからしばらくの間、学校から帰ってきたら公園で父とテニスをするのが日課となった。父も僕もテニス初心者だったが、日を追うごとに上達し、ラリーが続く回数も増えていった。


退院後のもう一つの楽しみが学校へ行くことだった。

たった1週間だけだったが、なんとか3年生のうちに学校へ戻ることができた。とはいえ、久しぶりに登校する日はさすがに楽しみよりも、緊張の気持ちの方が強かった。

みんなは受け入れてくれるのだろうか？

不安が心をよぎったが、そんな心配はまったく必要なかった。

僕もみんなに会いたかったが、みんなも僕に会いたいと思ってくれていたようだ。教室に、廊下に。僕は行く先々で同級生たちに囲まれた。

入院した時、3年1組の教室に戻るという目標を立てたが、いざこうして戻ってきてみると、本当に頑張って良かったと心から思った。

何事も強い意思を持って取り組むことが大切。

子どもながらにそんなことを感じていた。


3年生は実質2カ月ほどしか登校していないが、無事に4年3組に進級することができた。

久しぶりに送る学校生活は、全てのことが新鮮に感じられた。もちろん、思うようにいかないことがなかったと言ったら嘘になる。

それでも、面倒見の良い担任の先生と、何かあったら助けてくれるクラスメイトたちに支えられ、楽しい時間を過ごすことができた。

やっぱ学校って楽しいな。

僕にとって、印象深い1年となった。

担任の先生は明るくてチャキチャキした印象の女性だ。僕のような障がいを持った生徒を受け持ったことが何度かあったそうだ。

もちろん、僕の面倒もしっかりと見てくれた。

病気だからと言って僕のことを特別扱いはせずに、周りのクラスメイトと分け隔てなく接してくれた。

4年生の最初の頃、抗がん剤の副作用で髪の毛が抜けてしまっていたのでニット帽をかぶっていた。そういうことが恥ずかしい年頃だし、周りにも何か言われるもの嫌だったので、脱ぐことができなかった。

そんな僕に先生はこう言って励ましてくれた。

「髪の毛がないのは仕方がないこと。何も恥ずかしいことはない」

また、クラスメイトにはこんな言葉をかけていたそうだ。

「病気で苦しんでいる人を馬鹿にするようなことを言う人の方が恥ずかしい」

先生に勇気をもらった僕はありのままの自分を受け入れ、学校でニット帽を被ることをやめた。それまでは人目を気にして過ごしていたが、思い切ってみると、意外と気にならない。とてもちっぽけなことで悩んでいた自分が馬鹿らしく思えた。

体育の授業はさすがに参加することができないため、その時間は算数などの補修を受けていた。これも先生の配慮だ。

名古屋医療センターの院内学級で勉強をしていたとはいえ、クラスメイトより勉強はいくらか遅れていた。その遅れを取り戻すためにも貴重な時間となった。先生の教えやクラスメイトの協力おかげで、「障がいがあるから……」という後ろめたさを持つことなく、学校生活を送ることができた。

自分にできることが何かあるはず

行事や授業にも、前向きな気持ちで積極的に取り組むようになっていた。

5月に行われた運動会でも、ただ見学しているのはつまらない。

その時の4年生はアニメの『ワンピース』の曲に乗ってダンスをすることになっていた。『ワンピース』と言えば海賊旗。ダンスを踊ることができなくても、旗を振るだけだったら僕にもできる。

そう考えた僕は先生に次のように申し出た。

「旗を振らせてください」

先生がダメというはずがない。旗振り役として僕もみんなと一緒に踊ることになった。

運動会当日。

僕は唯一の出番で一生懸命に旗を振った。風にバタバタとなびくのが気持ち良かった。

実はサッカーの試合で腕を骨折してしまっていたタイシも旗を振ることになっていた。僕たち二人は時折アイコンタクトを交わしながら、競い合うかのように大きく振った。

つい1年前までは花形のリレー選手として、「運動会命」だったが、こういう関わり方も悪くないと思った。

3年生の時に9カ月も入院して通うことができなかったこともあるのだろう。4年生はみんなと過ごす時間が楽しくて、良い思い出がいくらでも出てくる。クラス最後の行事となったお楽しみ会では、仲の良いメンバー6人で吉本新喜劇のギャグを披露したが、これがウケにウケた。クラス中が爆笑に包まれる中、僕もみんなと一緒になって大笑いしていた。

病気で入院したばかりの時は、学校生活に戻れるか不安で目の前が真っ暗になったこともあった。

クラスのみんなの前でコントをして、昔のように笑わせることができて、本当に良かった。

僕をこれだけ前向きな気持ちにさせたのは、間違いなく車いすテニスの存在だ。4年生から本格的に始めた僕は、その面白さにどんどんのめり込んでいた。

冒頭で触れたように「世界一になる」という新たな夢もできていた。

4年生の終わり、みんなで寄せ書きを書いて渡し合いっこをした時、僕はタイシに「僕の分までサッカーを頑張れ」というメッセージを送った。

これはもう、何の捻りもなくストレートにそう思ったからだ。

スピードがあり、テクニックもあるタイシなら、僕が叶えることのできなかったプロサッカー選手になる夢を託せると思ったのだ。

こういうメッセージが書けるようになったのは、世界一の車いすテニスプレイヤーになるという次なる目標がはっきりと見えていたからだろう。

車いすテニスって面白い

時計を4年生になった頃に戻すことにする。

入院先の名古屋医療センターでパラスポーツと出合い、国枝慎吾さんに憧れて、車いすテニスプレイヤーを志した僕は、本格的に車いすテニスを習うことができる場所を探していた。

すると、岐阜車いすテニスクラブが隣町のテニスコートで練習をしているという情報をゲットした。

自宅から車で30分ほどの場所だし、無理なく通うことができる。はやる気持ちで岐阜車いすテニスクラブの練習会に参加した。

そこで僕は恩師とも呼べる人と出会うことになる。

その人の名は諸石光照さんだ。

ロンドン、リオデジャネイロ、東京と3度のパラリンピックに出場。東京ではクアードクラスのダブルスで銅メダルを獲得したメダリストだ。

30歳で手足に力が入らなくなるギランバレー症候群という難病を発症し、リハビリのため車いすテニスを始めたのは、なんと36歳だったという。猛練習で力を付け、ついには世界トップクラスにまで上り詰めた尊敬すべき人である。

車いすテニスは、性別や障害の程度によって3つのクラスに分けられている。僕が戦っている男子クラス、上地結衣選手らが活躍している女子クラス、諸石さんのクアードクラスだ。

クアードとは英語で両腕と両足のまひを表す「クアードリプリジア」の略称で、下肢だけではなく上肢にも障害のある選手が参加するクラスだ。

握力がなくてラケットが握れない選手はラケットと手をテープで巻いて固定することが認められていたり、車いすの操作が難しい場合は電動車いすを使用することが許されていたりするのが特徴だ。

世界を相手に戦ってきた諸石さんから技術や考え方を直接吸収できたことは、僕にとって大きな財産となった。本当に素晴らしい人から指導をしてもらえたと思う。もっとも、諸石さんの偉大さを知るのは後の話。初めて岐阜車いすテニスクラブを訪れた時は、とにかくすべてが新鮮で楽しかったという記憶しか残っていない。

まず手ほどきを受けたのは、チェアワークと呼ばれる車いすの操作法だ。車いすテニスの「基本のキ」とも言える技術だが、実はこれがなかなかうまくできないために、挫折してしまう人も少なくない。

僕は初めから卒なく乗りこなすことができた。入院中からイメージトレーニングができていたからだ。

諸石さんらクラブのメンバーは「筋がいいいね」などと声をかけてくれた。それがまた嬉しかった。

まだラケットを握った練習もしていないのに、もうすでに楽しくて仕方がなかった。思い切り体を動かせることの喜びを全身で感じていた。

ひとしきりチェアワークの練習が終わると、次はいよいよラケットを使った練習だ。コーチがトスしてくれたボールを相手のコートに打ち返していく。

最初はネットに近い場所から始め、ネットを越えて相手のコートにうまく返すことができたら少し下がり、次のボールを打っていくといった感じで進んでいった。

それまで父と近所の公園でテニスをしていた時には、ネットなどあるはずなく、単にボールを打ち合っているだけだった。

もちろん、正式なコートでテニスをするのは初めてのことだ。ネットに引っかからないようにしようと意識するだけでショットの難易度は格段に上がる。そんなことを感じられることがまた、楽しかった。

楽しい時間はあっという間に過ぎるもの。

「もっともっと車いすテニスをしていたい」という思いでコートを後にした。

体験会ですっかり車いすテニスの魅力に取り憑かれた僕は、週に1度、岐阜車いすテニスクラブの練習に顔を出すようになった。コートに行けない平日は、自宅や近所の公園などで自主練習をすることにした。

そこから、まさに車いすテニス漬けの日々が始まった。

挨拶や礼儀の大切さを学ぶ

諸石さんは僕にいろいろなことを教えてくれた。

それはテニスの技術だけではない。

まず叩き込まれたのは、挨拶の大切さだ。

練習場に着いたら真っ先に挨拶をするようにと口酸っぱく言われた。

コートに向かって「お願いします」。

意味は分かっていなかったが、クラブのメンバー一人ひとりに「お疲れ様です」。

「挨拶ができないと、練習もできないよ」

諸石さんの容赦ない檄が飛ぶ。

むしろ、僕が小学生だから容赦しなかったのだろう。甘い顔をされていたら、僕はつけ上がっていたかもしれないからだ。

「礼に始まり礼に終わる」

その言葉の通り、練習後の挨拶もきちんとするように、と求められた。

人間の慣れとはすごいものだ。初めのうちは声を出すことが恥ずかしいと思っていたが、いつしか大きい声で挨拶をするのが当たり前になっていた。

プロ車いすテニスプレイヤーとして人前に立つことが多くなった今であれば、挨拶がとても重要なことは理解できる。

挨拶の習慣が身に付いたことは大収穫だった。

諸石さんはおそらく、僕の将来を見越して、挨拶の訓練をしてくれていたのではないだろうか。単にテニスがうまい選手を育てても意味がないと思っていたはずだ。

本当に世界の頂点を目指すなら高い人間力が備わらなければならないことを、挨拶のことを通じて教えてくれていたのだと思っている。

諸石さんに教わったのは、もちろん挨拶だけではない。毎週のように新しい技を教えてくれた。

例えば、チェアワークの基本となる、8の字の動き。

車いすテニスは一度動きを止めてしまうと、次の動き出しの時に重くなってしまうため、常に8の字を描くように車いすを動かすことが基本動作の一つだ。

諸石さんは軽快な動きで手本を見せてくれる。一方の僕はなかなかうまく操作ができない。

初めてやるのだからうまくいかなくても当然と言えば当然だ。

でも僕は、うまくできないのが悔しかった。

だから自主練習で、できるようになるまで繰り返し練習をした。

1週間後、できるようになった姿を見せると、また新たな課題が与えられた。

そんなことを繰り返していくうちに、できることがどんどん増えていった。

練習のたびに手応えを感じていた。

自宅から車で30分もかからない比較的通いやすい場所で、世界を知るトップランクの選手からさまざまなことを吸収できる環境にあったことは、今思うととても恵まれていたと思う。

初の試合は大惨敗から始まった

「今度、大会に出てみようか」

諸石さんにそう声をかけられたのは小学校4年生の夏の盛りだった。練習ばかりだと飽きてしまうタイプなので、実は試合をしたいと思っていた。大会に出るのは大賛成だった。

２０１６年10月、神奈川県厚木市で行われたジュニアの大会が僕のデビュー戦となった。

相手は僕より2歳上の川合雄大選手だ。後の２０２１年には、ワールドチームカップのジュニア日本代表として共に戦い、世界一の栄冠を共に掴むことになる選手である。

１セットマッチで行われた試合の結果は０－６。１ゲームも取ることができずに負けてしまった。

ある程度は対等に戦えるだろう。

試合前にはそんな根拠のない自信を持っていたが、試合が始まると同時にあっさりと崩れていった。

車いすテニスを始めてまだ半年あまりのひよっこに、相手に傾いた流れを取り戻す力はなかった。

コテンパンにやられるとは、まさにこの日の試合のこと。まったくと言っていいほど、歯が立たなかった。

試合後には感情が大爆発。僕はまたもや号泣した。

何もできなかった自分に腹が立って仕方がなかった。

このままじゃダメだ。

ハートに火がついた僕は、それまで以上に練習にのめり込んでいった。

もちろん試合にも出場した。その年は神戸や広島に遠征した記憶がある。

遠征に行く時は車に乗って家族全員で出掛けた。観光地はチラッと巡るだけ。基本は試合会場と自宅の往復だったが、それでも父や母は「家族旅行ができて嬉しい」と話し、道中をとても楽しそうに過ごしていたことを覚えている。

僕が入院してからは家族旅行どころの騒ぎではなかったから、こうして家族みんなで出かけることができて嬉しかったのだろう。

週末は練習か試合、平日は自主練という車いすテニス中心の生活は5年生になっても変わらなかった。

と言っても、友達と一緒に遊ぶ時間も大切にしていた。

その頃はなぜか野球が大流行。放課後に仲の良いメンバー10人ぐらいでグラウンドに集まり、2チームに分かれて試合をして遊んでいた。タケはサッカーをやめて本気で野球チームに入ろうとしていたほどだ。

理由はよく覚えていないけど、とにかくあの時期だけ、それこそ毎日のように野球を楽しんでいた。

野球なんかできるの？

そう思われるかもしれないが、知恵と工夫次第でどうにかなるものだ。走れないので流石に走塁や守備は難しいけど、打ったり投げたりすることはできる。特に自信があったのはピッチングだ。

小学生の割にそこそこ速いボールを投げていたのではないかと思う。みんなと野球をして遊んだことが、思わぬ形でテニスの役に立ったこともある。ある日のこと、自分でも納得のいくボールを投げられた瞬間、「こんな感じでサーブを打ったら、強くて速いボールが行くかも」とビビッと感じたのだ。

威力のあるサーブで相手を崩し、ガンガン攻めていくのが僕のテニスのスタイル。サーブは僕の絶対的な武器であり、その強度や精度はゲームの行方を大きく左右するものだ。僕のテニスの根幹とも言えるサーブをうまく打つヒントを、友達との遊びの中から見つけることができた。

病は完治せず。二度目の手術

僕が5年生になってすぐ、２０１７年4月に開催されたダンロップ神戸オープンのジュニアの部でベスト8に勝ち残ることができた。すると、その後の大会でもそれなりに勝てるようになっていった。

できることが多くなり、プレーの幅が広がったことが大きな理由だ。

例えば、車いすの切り返しやフォアハンドのストロークなどは、うまくなっている実感があった。

まだまだ課題は数多くあるものの、自分でも「成長をしている」という手応えを掴んでいた。

何もかもがうまく行きかけている。その後、「まさか」の事態が自分の身に起きるとはこれっぽっちも思っていなかった。

まさかの事態とは、癌の転移だ

退院はしたものの、僕の病気は完治したわけではない。再発や転移の恐れもあるため、その後も定期的に病院へ行き医師の診断を受けていた。

10月のある日の診察で、右の肺に何やら腫瘍らしきものがあることが分かった。

「2カ月後に腫瘍が大きくなっていたら手術で取り、抗がん剤治療をしましょう」主治医の先生は努めて冷静に治療方針を話してくれた。

12月の診察で腫瘍が肥大化していたため、再び手術を実施することに。3カ月に及ぶ抗がん剤治療が始まった。

何で自分にばかりこんなことが起こるのか……。

そんな不満や弱音を吐きたくなる気持ちがなかったと言ったら嘘になる。

それでも、後ろを向いていても仕方がない。車いすテニスで世界一になるという夢があったからこそ、前を向いて治療と向き合うことができた。

名大病院での手術が無事に終わると名古屋医療センターへ転院。3カ月に及ぶ抗がん剤治療に入った。

普通であればその期間は入院することになるのだが、僕は担当の先生に次のようなお願いをした。

「入院はしません。自宅に帰らせてください」

前の章でも触れたが、抗がん剤治療には副作用がある。激しい吐き気やめまいに襲われたり、髪の毛が抜け落ちたりするが、僕も3年生の頃には嫌と言うほど、その辛さを味わった。

入院するのが一般的なのだが、3カ月も入院していたら、せっかく積み上げてきた車いすテニスの技術が崩れ去ってしまうようで怖かった。

抗がん剤を入れた後、どのタイミングで副作用が始まり、どのタイミングでそれが収まっていくのかを分かっていたので、先生と一緒に綿密なスケジュールを立て、抗がん剤治療と車いすテニスの練習を両立させることにした。

早期に発見し、すぐに手術と治療をした甲斐があり、その後の経過は順調そのものだった。

一方、車いすテニスの方も練習を続けられたため、着実に力を付けていくことができた。

そして2018年の夏休み。僕は更なるステップアップを求めて、シニアの大会への参戦を決めた。

小学生が国内トップクラスの選手の集うシニア大会に出場するのは異例中の異例だった。

当時、中学生の選手もシニアの大会に出ていたため、出場できるジュニアの大会がなかったのが大きな理由だ。だったらシニアの大会に出るしかない。

僕にしてみれば至ってシンプルな動機なのだが……。

中学生ならまだしも、さすがに小学生が出るということで、車いすテニス界では注目を浴びるようになっていた。

初めて出場したシニア大会は8月の仙台オープンだ。1回戦の相手は水越晴也選手。

僕と同じ愛知県の出身で、年齢は17歳も上である。

とにかく持てる力を思い切ってぶつけよう。そんな気持ちで試合に挑んだ。

第1セットはなんと僕が6－0で獲得した。

おそらく水越選手は小学生相手にやりにくかったことだろう。どんなプレーをするのか様子を見ていたのかもしれない。

続く第2セット、第3セットの水越選手は、明らかにプレーの強度が違った。僕は1ゲームを取るのが精一杯。自分のプレーをさせてもらえず押し切られてしまった。

それでも小学生の僕と向き合って、しっかり戦ってくれたことには感謝したいと思う。負けてしまったが、得るものも多い試合だった。

シニア相手の初勝利は意外と早くに訪れた。仙台オープンの翌週に行われた神奈川オープンでのことだ。

本戦では1回戦で齊田悟司選手と対戦。

アテネパラリンピックでは国枝慎吾さんとのペアで金メダルを、北京パラリンピック、リオデジャネイロパラリンピックでは銅メダルを獲得したレジェンドだ。

胸を借りるつもりで挑んだが、さすがは経験豊かな選手。まったく通用せず、1回戦で敗れた者同士が対戦するコンソレーション（コンソレ）へと回ることに。

そこで対戦したのが元ジュニア日本代表選手の細井誠二郎選手だ。ジュニアからシニアに参戦するようになって間もない選手ということもあり、思い切ってぶつかりやすかったこともある。6－4、6－2のストレートで勝つことができた。

自分のテニスをすればシニアでも十分通用するのでは。

自信の深まる1勝となった。

すっかり自信を付けた僕はその後に出場した大会で結果を残していく。9月の大阪オープンでは、大会にエントリーした選手のうちランキングの高い人で構成するメインドローから漏れた選手で構成するセカンドドローでの戦いとなったが決勝へ進出（荒天のため決勝は中止）、その翌月に広島で行われたピースカップでは同じくセカンドドローで2回戦進出を果たした。

そして2019年3月の北九州オープンではセカンドドローではあったものの、4試合を勝ち抜き優勝することができた。

表彰式では参加した選手や観客、大会関係者の方々からたくさんの祝福を受けた。

照れ臭かったけど、充実感でいっぱいだった。やっぱり一番になるのは気持ちいい。

小学生がシニアの大会に出るのはまだ早い。

参戦前はそんな外野の声もあったようだが、プレイヤーとして大きく成長するきっかけの1年となった。

「二分の一成人式」では「いつかは世界一の車いすテニスプレイヤーになる」と夢を語ったが、この頃の僕はさらに一歩進み「史上最年少で世界一になりたい」という夢を抱くようになっていた。

CHAPTER.4

中学校1年生〜中学校3年生
初めての海外遠征。コロナ禍に負けず貫いた自分のテニス

初めての海外遠征

中学生になった頃、僕は一つの転機を迎えていた。

練習拠点を愛知県内のＳＯＴＯクラブへ移したのだ。

理由は国内トップレベルの実績を持つ男子選手がいたから。ＳＯＴＯクラブで、男子クラスの選手と練習をしたことで、僕は確実にレベルアップできたと思っている。

当時ナショナルチームのコーチを務めていた貝吹健コーチがいたことも、僕にとっては大きなことだった。

貝吹コーチは長く車いすテニスの指導に携わっているベテランのコーチ。経験が豊富で、海外の事情にも詳しい。僕が車いすテニスに打ち込む上で、とても頼りになる存在だ。

現在はマネジメントスタッフとしても、公私にわたり僕を支えてくれている。

「史上最年少で世界一になる」という目標を掲げている以上、なるべく早く世界へ出て経験を積みたいと考えていたが、初めて海外の大会に出たのも2019年のことだった。

国内の大会に出るだけでも多額の遠征費用がかかるというのに、海外遠征となると目の玉が飛び出そうな費用がかかる。

親に負担をかけるわけにはいかないが、自分の腕を試すためにも早く海外で試合をやってみたいとも考えていた。

そこへチャンスが舞い込んできた。

日本車いすテニス協会から次世代強化指定選手に選ばれた僕は、2018年夏に大阪、冬に沖縄で開催されたキャンプに参加した。

キャンプでは総当たり戦での試合が行われ、上位3人には海外遠征の権利が与えられるという。

僕はそのチャンスを勝ち取り、海外への切符を掴むことに成功した。

２０１９年7月。いよいよ初めての海外遠征。

行き先はオランダだ。

ウインドミルカップというジュニアの大会へ出場した。

この大会では、イギリス人２選手、オランダ人１選手、日本人２選手と対戦。

そのすべてに勝利し、優勝した。

外国人選手と対戦するのは初めてのこと。それが楽しみでもあり、不安でもあったのだが、「相手が誰であれ自分のテニスを貫くことが大事」というマインドで臨んだことが結果につながった。

狙い通りのテニスを展開し、５試合で１セットも失うことなく勝てたことは大きな自信になった。

僕は翌週に行われた大会にも出場。トルコやオーストリアの選手らと対戦し、４試合を勝ち抜き優勝した。４試合で失ったゲームはわずか２ゲーム。内容的にも満足できるものだった。

一方、言葉や食事など生活面での不安もあったが、こちらも大きな支障はなかった。

初めての海外は、目に映るもの、耳に聞こえるものすべてが新鮮。今まで経験をしたことのないものばかりで、とにかく面白かった。

もちろん日本語は通じない。

その当時は今ほど英語が話せたわけではなかったが、それで不自由をしたことはなかった。

プレーでもそれ以外の部分でも、初めての海外遠征は非常に充実したものとなった。

その後はまた国内の大会を転戦した。

同年9月の楽天ジャパンオープンではダブルスではあるが、国枝慎吾さんと初めて対戦することに。僕はSOTOクラブの先輩となった水越選手とペアを組み、国枝さんとステファン・オルセン選手（スウェーデン）組に挑んだ。

初めて大勢の観客の前でプレーをした試合でもあったが、結果は厳しいものだった。

僕たちは1ゲームも取れずに負けてしまった。

僕が車いすテニスを始めるきっかけを作ってくれた人と同じコートに立って試合が

できることになり、試合前はとても気持ちがたかぶったことを覚えている。試合中は極力意識をしないように努めたが、やはり他の選手とはレベルが違った。

ボールがどこへ飛んできても良いように常に動いていて、こちらが決めにいったショットにも余裕で反応し返球された。

まったく付け入る隙を与えないオーラを感じた。

国枝さんのようになりたい。

ネット越しに対峙して、僕は改めて強くそう思った。

世界ジュニアマスターズで史上最年少優勝を果たす

翌2020年2月にはフランスへ遠征。世界ジュニアマスターズに出場した。ジュニアでは最もグレードが高く、世界ランキング上位8人しか出場できない大会だ。

最初のグループリーグの3試合のうち、地元オランダのニールス・ヴィンク選手との試合はフルセットの末に落としてしまった。

彼は僕より4つ年上。現在はクアードクラスで世界ランキング1位の実力者だ。僕の恩師である諸石さんが「どえらい強いよ」と話しているのを聞いていて、強敵だと分っていたが押し切られてしまった。

そんな強い相手にリベンジする機会はすぐに訪れた。グループリーグを2位で勝ち上がると、準決勝を突破し、決勝で再びヴィンク選手と対戦することになったのだ。

同じ相手に2度も続けて負けられない。

気合を入れて臨んだ第1セットは6－0で奪うことができた。最高のスタートだ。続く第2セットで一気に勝負をつけたかったが、さすがに簡単には勝たせてくれない。タイブレークにもつれ込む展開となったが、結局6－7で相手に取られてしまった。

最後まで自信を持って戦おう。

そう言い聞かせて臨んだ第3セットは、粘り強くストローク戦を制し6－2で奪取。

「カモーン」

世界一に輝いた瞬間、満員の大観衆の前でボールを打ち上げ、僕は吠えた。

13歳8カ月25日での優勝は、大会史上最年少という記録付きだった。

2度対戦したヴィンク選手はその年に行われる予定だった東京パラリンピック（結局、2021年に開催）でメダル候補の一人に挙げられていた選手。

実際には、シングルスで銅メダル、ダブルスで金メダルを獲得している。それほど歳の離れていないメダル候補との対戦は、僕にとって大いに刺激になった。

刺激と同時に感じたのが手応え。

世界を肌で感じ、「やっていける」と大きな自信を掴んだ。

良いことばかりは続かない。

世界ジュニアマスターズでの栄光から2カ月後、そんなことを痛感させられた。

僕は三たび手術をすることになった。腫瘍の肺への転移がまた見つかってしまったためだ。前回は右の肺だったが、今度は左の肺である。

「またか……」

僕はネガティブになることは少ないが、車いすテニスが順調に行こうとしていた矢先のことだったので、さすがに少し弱気になった。

手術で肺の4分の1を切除した。

入院期間は1週間ほどと短かったが、改めて癌という病気の恐ろしさを思い知らされた。

現在は半年に1度のペースで検診を受けているが、完治の見通しは2030年4月とまだまだ先だ。

もうしばらくは再発や転移の恐怖と戦うことになってしまったが、恐れることなく、しっかり戦っていきたいと思っている。

コロナ禍を乗り越えて

この時期、癌とともに僕を襲ったのが、新型コロナウイルス感染症の恐怖だ。学校は休校になるし、テニスは国内も海外も、あらゆる大会が中止または延期となってしまった。

コロナはいつ終息するのか？

いつになったら試合ができるのか？

不安に駆られて、誰にも答えようがない疑問が次々と頭に浮かぶ。

それにしても、先行きが見えないということが、これほどまでに恐ろしいことだとは思わなかった。

世界ジュニアマスターズで優勝するなど、力が付いてきた時期だけに、試合勘が鈍ることだけは避けたかったが、自粛期間は続いた。

コロナで試合がない状況の中、今の自分がすべきことは何か。

考えた末に出した答えは「練習をする」だった。

幸いにも時間はたっぷりとある。

僕は、改めて自分のテニスと向き合うことにした。

再開の日がいつ訪れるのかは分からないが、再開後すぐにベストの状態に持っていけるようにしておきたかったのだ。

自分のテニスと向き合うきっかけを作ってくれたのは、２０２０年4月に出会ったとある人物だ。

その人の名は熊田浩也さん。

岐阜市にある岐阜インターナショナルテニスクラブのコーチだ。全日本ジュニアで優勝するなど自身も選手として活躍。コーチとしての経験も豊富で全日本クラスの選手を数多く育成している。車いすテニスの指導経験はないということだったが、必ずプラスの力をもたらしてくれると信じて僕のコーチをお願いすることにした。

熊田コーチとの練習は、岐阜インターナショナルテニスクラブのコートで週に3〜4回ほど。残りは自宅で自主練をするという日々が始まった。

「質の高い練習をしよう」

熊田コーチのそんな呼びかけから始まった二人三脚の練習では、手始めに基本技術の反復に取り組んだ。サーブやストロークなど、一球一球丁寧にフォームを確かめながら、繰り返し打ち続けた。その数は1万球を超えているかもしれない。

この時に心がけていたのは「良いポジションを取り、良いフォームでボールを打つ」ことだ。「試合で大事な1本を決めるために体に覚え込ませることが大切だ」と熊田コーチは説明してくれた。

この時期の練習は、どちらかといえば面白みのない単調なものが多かった。

こうした練習はこれまで避けてきたものだった。

が、やらなければならないことは十分に理解していた。

主導権を握ってどんどん攻撃を仕掛けていくのが僕のテニス。必然的にチャンスボールは多くなる。その時にミスらずきちんとウィナーを決めることができれば、それだけ勝利に近づくことは間違いないからだ。

熊田コーチはジュニアの指導経験が長いこともあり、僕の目線になってアドバイスを送ってくれた。

上から「あれやれ、これやれ」とは言わず練習の意図や目的を分かりやすく説明してくれるので、言葉には説得力があるし、スッと自分の中に入っていく感じだった。

この人の言うことなら信じられる。

熊田コーチは仲の良い兄のような存在だ。年が近く、言いたいことは何でも言い合える信頼関係で結ばれていた。

熊田コーチと出会えたおかげで、テニスに対する考え方に変化が出ているのを感じていた。

この時期の練習が自分自身の成長につながったのではないかと思っている。

コロナ禍で行った基礎中心の練習は早速手応えとなって表れた。

例えばサーブ。

僕の武器でもあるが、この時期にじっくりと磨き上げたことで、スライス、スピン、フラットとすべての球種において、より力強く狙ったところに打ち分けることができるようになった。

そうなると、早く試合がしたいと思うようになる。

進化した自分がどれだけ通用するのか、試してみたくてウズウズしていた。

この時期には、名古屋にあるテニススクールでの貝吹コーチが主催するレッスンにも積極的に参加した。愛知県内で活躍する男子車いすテニスプレイヤーが集まって行うものだ。

車いすテニスプレイヤーとの対戦形式での練習を通し、進化したショットや戦術を試すことができたし、レベルアップしていることが確認できた。

それから、マネジメント会社と契約をしたのもこの時期のことである。史上最年少での世界一達成に向けて具体的なビジョンを描いたことで、やるべきことが明確になったことも大きかった。

こうして技術面、環境面で体制が整ったことが、その後の飛躍につながっていると思う。

東京パラリンピックへの道

コロナで止まってしまった時計が少しずつ動き始めた2021年1月。僕は地元愛知にある大企業・日本ガイシ株式会社に支援契約を結んでいただいた。

愛知を拠点に活動をしているという縁で、僕の国内外への遠征費を負担してくださることになった。

現在では、同社は車いすテニス全体を積極的に支援してくれている。こうした支援は大変ありがたいことだ。

同年4月、僕は海外大会への出場を決意した。

もちろん日本ガイシの後押しがあったことも大きな理由の一つだが、一番の決め手となったのは東京パラリンピックだ。コロナで1年延期となり、2021年に開催されることになっていた。

日本人は強豪選手が多く出場権が得られる可能性はほぼなかったが、パラリンピックの出場資格が得られる世界ランキングトップ40位以内に挑戦したい気持ちが強かった。

ちなみに、東京パラリンピックの車いすテニス男子クラスの日本代表枠は4枠。2018年にインドネシアで開催されたアジアパラ競技大会で優勝し、すでに代表権を獲得していた国枝慎吾さんを除く3枠は2021年6月7日時点での世界ランキングに基づいて選ばれることになっていた。

2020年末時点での僕の世界ランキングは90位。出場権を争うライバルたちの同時点でのランキングは10位台が3人いて、残りの代表権はその3人が獲得することが確実視されていた。

それでも僕は4月から続く大会でポイントを稼ぎ、とにかく出場基準である40位以内には入りたいと考えていた。

とはいえ、コロナの影響はまだ終息していない時期である。「パラリンピック出場の可能性の低い選手は海外遠征を控えるように」と車いすテニス協会から通達が出たという背景もあり、僕の海外遠征にも心配の声があった。

それでも、自分の中に迷いはなかった。

夢に見ていたパラリンピックへ出場するチャンスが自分の目の前にあるからだ。海外遠征に出ないという選択肢は僕にはなかった。

2021年4月、そんな決意を胸に僕はトルコへと飛んでいた。

まずはメガ・サライ・オープンに出場した。僕にとって初めてとなる海外でのシニア大会だ。

この大会の初戦の相手は第6シードのカルロス・アンカー選手（オランダ）。東京パラリンピックにも出場した実力者だ。

自分の力がどれほど通用するのか、試すには十分すぎる強敵だった。

結果は6－0、6－1。スコアの通りの完勝だ。カルロス選手にこんなにあっさり勝てるなんて。

この勝利ですっかり自信をつけた僕は、以降の4試合も破竹の勢いで勝ち抜き、海外での初優勝を飾った。

この大会で対戦した相手はすべて、僕よりランキングが上位の選手だ。そんな難敵を次々と打ち破ることができた。

自分はしっかり成長している。

僕はかなりの手応えを感じていた。

例えば、この1本でポイントを取りたいというショットを打つ時、以前なら90％の力で打っていたが、この大会では60～70％の力で打っても決められるようになっていた。力が入るほど、ミスショットになる可能性も上がるし、疲労度も違ってくる。

コロナ禍でみっちりと練習をした成果が、ボールの質的向上という結果となってしっかりと現れた。

この大会で嬉しかったことがもう一つあった。

それは、僕が優勝したことが、ヤフーニュースで報じられたことだ。

ネット世代の僕にとってヤフーニュースは一つのステイタス。

車いすテニスを始める時、ヤフーニュースで紹介されるような活躍をしたいと、密かな目標していた。

それが実現できたことが、とても嬉しかった。


初戦で優勝したことで勢いに乗った僕は、続いてトルコで行われた二つの大会に出場し、両大会とも1セットも失うことなく優勝した。

コロナ明けで挑んだ2021年4月のトルコでの3大会は、シニアとジュニアを合わせて22戦全てに勝ったことになる。自分でも驚くほどの結果だった。

これでポイントも大幅に獲得。世界ランキングも57位にまで一気にジャンプアップしていた。

この3大会を戦っている最中、僕はある記録を達成している。

史上最年少での世界ジュニアランキング1位だ。

それまでアルフィー・ヒューエット選手が持っていた15歳1カ月1日という記録を3カ月ほど更新。14歳11カ月14日での記録達成となった。

僕の快進撃は車いすテニス関係者に大きなインパクトを与えたようだ。3大会連続優勝を飾った後、5月にトルコで行われる大会の主催者から、次のような声をかけられた。

「主催者推薦で出場しませんか?」

通常、テニスの大会はランキングの上位者から順に出場権が与えられることになっている。そのため、グレードの高い大会には、ランキングの低い選手は出場したくてもできないケースがよくある。

ただし、主催者の推薦があればランキングが低い選手でも出場できる。

とにかく、僕はまだランキングは低かったが、勢いに乗って勝ち続ける様子を見て、

「ぜひとも大会に出てほしい」となったようだ。

逆転での東京パラリンピック出場を諦めたわけではない僕からすると、とてもありがたく、嬉しい申し出だった。

絶対に出たい。

でも悩ましい問題が……。

帯同してもらっていた貝吹コーチは予定があったため、どうしても帰国しなければならなかったのだ。

コロナ禍で海外遠征を控えるように言われている中、中学生の僕がトルコに2週間もの間、たった一人置いていかれることを良しとしてくれるだろうか。

リモートで小田家をつなぎ、両親に相談した。

「こんなチャンスはない。絶対に残りたい」

そう主張する僕に対し、両親の答えは次のようなものだった。

「だったら残ればいいいんじゃない」

意外にもあっさりと、僕はトルコに一人で残り、次の大会に備えることが決まった。

宿泊しているホテルも部屋もずっと同じ。貝吹コーチがいなくなるということ以外はそれまでの3週間と何ら変わるものがなかったので、不安に感じることはまったくなかった。

それどころか、同じ大会に出場するため同じホテルに泊まっていた眞田卓選手が「面倒を見てあげる」と言ってくれたのだ。

なんともありがたい申し出。

おかげで、まったく心細くなることなく過ごすことができた。

とはいえすべてを眞田選手に任せるわけにはいかない。

できる限りのことは自分でやろうと心に決めていた。

例えば洗濯だ。これまで、練習着などは地元で練習する時は母にお願いしていた。

この機会に練習着くらいは自分やってみることにした。

はっきり言って面倒臭かったが、頼る人がいなくなることで、僕は色々な人に支えられて車いすテニスができていることを改めて実感した。

僕は若くして世界のトップに立ったので「下積みを知らない」などと言われること

も少なくないが、トルコでの2週間、眞田選手の助けを借りながらも極力一人で努力したことで人間的にもずいぶん成長できたと思っている。

この経験があったからこそ、プレイヤーとしての幅も広がった。

思い切った決断となったが、トルコに残って良かったと今でも思っている。

主催者推薦で出場した大会では、どうしてもチャンスをモノにしたかった。

順調に勝ち上がり、準々決勝へ進出。相手はなんと僕を助けてくれた眞田選手だ。世界ランキングは10位。日本人では国枝さんの次にランクの高い選手である。パラリンピック出場のためには挑戦して勝っておきたい相手だった。

試合は1セットずつ奪い合い。最終の第3セットへ。

サービスゲームをしっかりキープして主導権を握り、6－3で押し切ることができた。1セットを奪われてしまったものの、パラリンピックへつながる貴重な1勝となった。

準決勝の相手もまた日本人。荒井大輔選手だ。ランク順的には僕の一つ上にいた選手なので、一番のターゲットとなる。ここで彼に負ければ、パラリンピックへの道はほぼ閉ざされることになるため、試合前の緊張感は半端なかった。

その緊張をよそに、試合では強度の高いサーブとリターンで主導権を握るという自分のテニスを展開。つけ入る隙を与えずに6－2、6－2のストレートで勝ちを決めた。当面のライバルを破ったことで、さらに奇跡の可能性は高まった。

決勝の相手はトム・エッフェリンク選手（オランダ）。後に東京パラリンピックで銀メダルを獲得した実力者だ。

当時の世界ランキングは8位。この大会の出場者の中で最もランクが高く、優勝候補の筆頭だった。準決勝では日本人の三木拓也選手を破っている。

日本人選手とのポイントを詰めるチャンスだったので相手が強かろうと絶対に勝つつもりで挑んだ。

第1セットを6－3で奪うと、第2セットはタイブレークにもつれる接戦となったが、最後は粘りきり、見事に勝利することができた。

パラリンピックレースのライバルになる2人に直接勝利し、もう1人のライバルを破った実力者を打ち負かしての勝利である。

自信にならないはずがない。何よりも、奇跡を現実のものにできるかもしれないと思うと、胸のたかぶりが止められなかった。


その翌週に行われたトルコでの大会が、東京パラリンピックに向けての僕にとっての最後の大会だ。ここでも僕は順調に勝ち上がっていく。

準々決勝では再び眞田選手に勝利。準決勝もしっかり勝ち上がり、決勝は2週連続でエッフェリンク選手との試合になった。

1週間前に勝っている相手とは、実はやりにくい。

リベンジに燃えるエッフェリンク選手は気合十分。僕の強打を封じようと、対策も練ってきたようだ。

こちらも連勝街道を続けて自信を持って挑んだが、なかなか思ったようにペースがつかめない。

第1セットは接戦に持ち込んだものの4－6で落としてしまった。

第2セットも勢いよく攻め込む相手に防戦一方の展開に。

このセットも2－6で落とし、ストレートでの敗戦となった。1セットも取れずに破れたのは、いつ以来のことだろう。久しぶりの完敗だった。

知らず知らずのうちに受けに回ってしまったのか、終始相手のペースに合わせてしまった。

東京パラリンピックへの出場権は獲得ならず。本当にあとわずかだっただけに惜しいことをした。

ただ考えてみると、この年の4月の時点では90位だった僕が目標としていたトップ30にまで駆け上がり、奇跡を起こす一歩手前まで来られたのだ。

「よくやった」と自分で自分を褒めても良いと思っている。

自分の車いすテニス人生の中で、間違いなく意義のある2カ月になった。

一番の収穫は、絶対に負けられないという緊張感の中、レベルの高いトップ選手たちを相手に試合を経験でき、勝利したことだろう。

自分自身でも強くなっていると成長を実感できたし、世界の中での自分の立ち位置を把握できたことも大きかった。

コロナの先行きが見えない中、思い切って海外へ出たことが間違っていなかったことを自分の手で証明することができて本当に良かったとも思っている。

前に進んだからこそ道は開けたのだ。もし、周囲の反対の声に従って国内に止まっていたら、これほどまでの成長は望めなかっただろう。

やらずに後悔するよりは、後悔しても良いからとにかくトライしてみることの大切さを、身をもって知ることができた。

東京パラリンピックに出られなかったことは残念だが、いつまでも引きずっているわけにはいかない。僕は次の目標に向かって一歩を踏み出すことにした。

CHAPTER.5

中学校卒業〜高校2年生

プロ転向。様々な史上最年少記録を塗り替えるために

パラスポーツの価値を高めたい

2021年の8月下旬に始まった東京パラリンピック。残念ながら無観客での開催となったが、連日のようにテレビで熱戦の様子が伝えられ、大いに盛り上がった。車いすバスケットボールの鳥海連志選手のようなスター選手も誕生するなど、パラスポーツの面白さを知った人が多かったのではと思う。

パラアスリートの一人としてはとても喜ばしいことだが、それで満足してはいけないという思いもある。

純粋にもっと観るスポーツとしての価値を高めていきたい。

現状は、盛り上がっているのは4年に1度のパラリンピックの開催期間だけで、国内の試合でも一般のお客様がお金を払って見に行きたいと思ってもらえるようにするには、プレーのレベルを上げることが必要となる。

そのためには、すべてのパラアスリートが今まで以上に努力をして、観て面白いスポーツとして観客にハラハラドキドキを提供していく必要があるだろう。

すぐに実現できるものではないが、無理だと諦めるつもりはない。自分が現役のうちに、車いすテニスを多くの人に楽しんでもらえるスポーツにすることができれば、そんなに嬉しいことはない。

ちょっと横道にそれてしまったが、話を東京パラリンピックに戻したい。

あとわずかのところで出場権を逃し悔しい思いをしたが、嬉しいこともあった。大会前の日本チームの練習にトレーニングパートナーとして眞田選手が僕を誘ってくれたのだ。

もちろん、憧れの国枝さんもいる。

車いすテニス界のレジェンドをはじめ日本代表選手たちが普段どんな練習をしているのか、一緒にプレーしながら感じることができて、この上なく有意義な時間になった。

そういった事情もあり、東京パラリンピックでは日本選手への応援に熱が入った。

もちろん、車いすテニス以外の種目もである。

テレビの画面越しの日本選手たちは、誰もが充実感に満ちた表情でプレーしているように感じられた。パラアスリートにとってパラリンピックがそれだけ大事な大会ということの表れでもあるのだろう。

それにしても東京パラリンピックでの国枝さんはすごかった。男子シングルスに出場した国枝さんは、危なげなく決勝へと勝ち進んだ。決勝の相手はトム・エッフェリンク選手。僕もパラリンピック出場をかけて戦った因縁の相手だ。

国枝さんはエッフェリンク選手を寄せ付けず、6-1、6-2のストレートで勝ち、北京、ロンドンに続く男子シングルスで3回目のパラリンピックチャンピオンに輝いた。この日の国枝さんは、まさに貫禄勝ち。相手に格の違いを見せつけた。

表彰式で金メダルを首にかけ、満面の笑みを浮かべている国枝さんは本当に輝いていた。

おそらく調整もうまくいったのだろう。照準を合わせた大会でしっかり頂点を取るピーキングのうまさなどはとても参考になった。

本当に尊敬するが、称賛してばかりでは追いつくことはできない。次のパリパラリンピックでは僕が金メダルを取る。

決意を新たにした機会でもあった。

国枝慎吾さんの道をたどる

2021年9月。僕はイタリアで行われた「ワールドチームカップ」にジュニア日本代表として出場した。

この大会は、国別のチーム対抗戦。シングルス2試合、ダブルス1試合の計3試合のうち、2勝した方が勝ち残るというシステムの大会だ。

日本代表チームのメンバーは僕の他に、昔から切磋琢磨してきた川合雄大選手と3歳上の高野頌吾選手の3人。その中で僕は第一シングルスとして出場した。柔道の団体戦で言うところの大将のような役割のポジションだ。

一番年下だったけど、重要な役割を任されて、とても気持ちが入った。

正直に言うと、団体戦よりも個人戦の方が性に合っていると思っている。そもそも車いすテニスを始めた理由の一つでもあるほどだ。

とはいえ、日本代表に選ばれたことは素直に嬉しかった。どんなスポーツであれ、その国の代表に選ばれるという名誉なことは、そう滅多にないことだからだ。選んでもらったからには、活躍をしてチームに貢献したいと思っていた。

大会では日本が戦った合計15試合のうち僕はシングルス4試合、ダブルス4試合に出場。好調を維持し、どの試合もしっかりと自分のテニスをして、勝つことができた。

「following the path of Kunieda」

優勝後に行われたITFのインタビューで僕はこのように紹介された。

日本語に訳すと「国枝さんの道をたどる」といった感じになる。

世界が僕を国枝さんの後継者として認めてくれたことは率直に嬉しいが、僕は国枝さんと同じ道をたどっているつもりはない。

同じ日本人として、世界トップであり続けた国枝さんの後に続きたいとは思っているが、僕は僕のスタイルで上がっていくつもりだ。

快進撃の最中に考えていたこと

僕の勢いはまだまだ止まらなかった。

その年の12月に行われたトルコの2大会ではいずれも優勝。年末時点での世界ランキングは9位にまで上がっていた。

ランキングが一桁になったことで、世界ランキング1位になるという目標が一気に現実味を増してきた。

ただし、普通に1位になっても面白くない。どうせだったら、史上最年少と名の付く記録は、全て僕が書き換えるつもりでいた。

その当時の最年少記録はヒューエット選手が打ち立てた20歳1カ月23日。その記録を塗り替えるには、2026年7月10日までに1位にならなければならなかった。

まだまだ先の話だし、そのうち達成できるだろう。

その時の僕がそんな悠長に物事を考えていたら、おそらく史上最年少記録を破ることはできなかっただろう。

世界ランク10位前後の人間にとって、実は大きな壁があるからだ。

その壁とは、ランキング7位の壁である。

世界ランキングを上げるためには、試合に出てポイントを稼がなくてはならない。

当然、グレードの高い大会ほど、ポイントも高い。

例えばグランドスラムと呼ばれるテニスの世界4大大会などはポイントが高く、勝ち進めば進むほど多くのポイントが加算される。

であれば、「4大大会に出てポイントを稼ぎたい」と思うのは、選手なら誰しもが思うことだろう。

だが、話は単純にはいかないのである。

当時のグランドスラムは、ランキング上位7位までの選手と主催者が推薦する選手の8人しか出られなかった。

ランキングの上位者に、獲得ポイントの大きいグランドスラムに出てポイントを稼がれては、8位以下の選手はたまったものではない。ポイント差がどんどん開く一方だからだ。

これが7位の壁である。まずは7位以内にランクインしない限り、「史上最年少の世界ランキング1位になる」などと言っても始まらないのだ。

だからこそ、9位で満足し、立ち止まっているわけにいかなかった。

15歳でプロへの転向を宣言

2022年4月。この月は僕の人生の中でも大きな転換期となった。

その一つが進学。通信制の高校へ入学した。

車いすテニスで海外遠征に行くと、どうしても出席できない日の方が多くなってしまう。みんなと同じような高校生活を送ることはどう考えても難しい。車いすテニスプレイヤーとして生きていくという、僕なりの覚悟の表れだった。

もう一つが所属スポンサー。愛知県に本社のある株式会社東海理化と所属契約を結ばせていただいた。

きっかけは、同社の社員の方が地元の広報誌を読んでくれたことだった。たまたま手にしたその広報誌に、僕を紹介する記事が載っていたのだ。記事を読んだその社員の方は、とても感動してくれて、「バックアップするべきだ」と会社に掛け合ってくれたそうだ。

「地元で頑張っている選手を地元の企業が応援しなくてどうする」

こんな話を上層部にしてくれたみたいで、検討した結果、支援を申し出てくれた。最初にあったオファーは、僕をアスリート社員として採用したいとの話だった。それだけでも、とてもありがたい話なのだが、その頃の僕には「プロになりたい」という確固たる意思があったので、雇用の話に関しては丁重にお断りをさせていただいた。

僕の中にプロとは安定の対極にあるものとの考えがあるからだ。

リスクを背負っているからこそ、厳しいトレーニングにも耐えることができるし、試合の厳しい場面でも力を発揮できるのではないだろうか。

そんなプロへのこだわりと覚悟を理解していただき、スポンサーとして支援していただけることになった。

支援は単なるお金の話だけではない。有形無形のさまざまな形で東海理化は私たちを支援してくれている。

例えばヨーロッパやアメリカといった海外で試合をする際、お揃いの青いTシャツを着て応援をしている集団をテレビなどで見たことはないだろうか。

彼らは東海理化の関係者だ。現地や近くの国にいる社員の方などが、わざわざ駆けつけてくれているという。

「頑張れ、トキト!」

海外の試合で日本語の声援が聞こえてくると、原点に立ち返るというか、それだけで日本のことがパッと頭の中に蘇る。とても勇気付けられるし、力もみなぎってくる。

もちろん声援に応えられるように最大限の努力をする。これからも積極的に声援を送ってほしいと思っている。

最後の一つがプロ転向だ。

２０２２年4月28日、僕は記者発表会を開きプロ転向を宣言した。この時、年齢は15歳11カ月20日。日本国内で史上最年少でのプロ選手となった。

ちなみに、国枝さんがプロへ転向したのは25歳1カ月23日。比べると僕のプロ転向がいかに早かったのかが分かると思う。

プロ転向に合わせ、熊田コーチに専属コーチになっていただいた。二人三脚で世界の頂点を目指していくことに。

なぜこのタイミングでプロ転向を宣言したのかというと、中学を卒業して義務教育を終えたこと、東海理化と所属契約をして活動を行うのに十分な支援を得られたことなどが理由に挙げられる。

そして何より史上最年少の世界ランキング1位という目標を達成するためには、このタイミングが最適だと考えたからだ。

記者会見の席上、僕は次のように語っている。

「これからは選手として日本のパラスポーツを盛り上げ、障がいのある子どもたちでも活躍できるような世の中を作っていける選手になり、そして、今病気と戦っている子どもたちのヒーロー的な存在になれるよう、さらに頑張っていきたいと考えています」

プロ選手となった僕が、まず目標としたのが世界ランキングを7位まで上げることだった。前述の通り、ランキング上位7位までに入らないと、グランドスラムへの出場権が獲得できないからだ。

ところが思わぬ形で幸運が舞い込んできた。

グランドスラムの一つである全仏オープンを主催するフランステニス連盟が「車いすテニス部門の出場者数を8枠から12枠に拡大する」と発表したのだ。その時点でランキング9位だった僕は、グランドスラム初出場の権利を思わぬ形で手にすることができた。

世界ランキング1位への道筋がなんとなくではあるが見えた瞬間だ。自分に追い風が吹いていると感じた。

このチャンスをうまくものにしなければならない。
自分自身にそう言い聞かせた。

初めてのグランドスラムで得た手応え

初めてとなるグランドスラムは、やはり今までの大会とは雰囲気が一味も二味も違った。会場となるローランギャロスは最高の雰囲気。コートにいるだけで身が引き締まる思いがする。

もちろん、観客の数も普段の大会と比べて格段に多い。

そして何より選手の目の色、顔つきがまったく違う。グランドスラムで勝つことはそれだけ名誉なことなのだ。

僕は舞台が大きければ大きくなるほど、燃えるタイプ。普段の実力以上の力が発揮できると思っている。アドレナリンが出まくり、やる気がみなぎってくる。

だからこそ、初めての全仏オープンも物おじすることなく戦うことができた。初戦、

2回戦と順調に勝ち上がり、準決勝へ。

対戦相手は国枝さんだ。

初めてのグランドスラムで、車いすテニスを始めるきっかけとなった国枝さんと対戦。これ以上のシチュエーションはなかなかない。

僕は最大限の準備をして試合に臨んだ。

この年の1月に行われたメルボルン・オープンでは、ストレートで負けたものの、2セットともタイブレークに持ち込んでいたこともあり、「今日こそは勝つ」と意気込んでいた。

しかし、試合は自分の思いとは裏腹に押されっぱなしの展開に。結局2－6、1－6であっさりと押し切られてしまった。改めて感じたのは国枝さんの勝利への執念だ。

コートのどこからでも返球するのが難しい位置をついてくるし、ショットのクオリティが高く、こちらが決まったと思ったショットにも追いつく気迫を感じた。

グランドスラムの戦い方を知っているというより、グランドスラムだからこそ普段の試合とは目の色がまったく違う。

試合開始早々からエンジン全開でガッツリと攻めてきたので、こちらは防戦一方となってしまった。

すべてのプレーが高いレベルにあるし、試合経験も豊富で、ゲームの流れを読む力にも長けている。

この試合でも僕の手の内をすべて見透かされているようで、何をやっても叶わないと思わされた。

やはり唯一無二の存在だ。

だからこそ、倒したい。

大きな壁であり、目標でもあった国枝さんがいたからこそ、僕は成長することができたと思っている。

実はその翌週の大会でも国枝さんと準々決勝で対戦した。この試合も3－6、5－7とストレートで敗れている。

スコア的には健闘したとも言えるが、プレイヤーとしてはさらに距離を感じる試合となった。

全仏オープンの次のグランドスラムが、世界最古のテニストーナメントであるウインブルドンだ。

テニス界で最も伝統と格式のある大会だ。

初めて参加することになったが、素直に嬉しかった。

テニスプレイヤーであれば、誰もが一度はセンターコートに立ってみたいという思いを持っているはずだ。

全仏オープンに出場した時にも、やはりグランドスラムは他の大会とは違うと感じたが、ウインブルドンは全仏オープンとはまた違った趣があった。まず違うのはコートのサーフェス（表面）だ。

全仏オープンの会場となるローランギャロスは赤土のクレーコートだが、ウインブルドンは天然芝を使ったグラスコート。スタンドを囲む壁も緑色のため、緑一色のイメージが強い。

そしてウインブルドンでは選手が着るユニホームにも細かい規定があり、上から下まで白いものしか着用することができない。

もともと僕は伝統とか古いものとかが好きなタイプだ。だからこそ、伝統があるウインブルドンは、僕のお気に入りの大会の一つだ。

ところで先程コートのサーフェスについて触れたが、クレーコートとグラスコートとでは、ボールの弾み方やスピードがまったくと言って良いほど変わってくる。クレーコートはボールがバウンドすると大きくはずみ、球足が遅くなるが、グラスコートではボールはそれほど弾まず、球足はむしろ速くなる。

もちろん、車いすの操作（チェアワーク）にも違いが出る。同じ距離を動こうと思ってもタイヤの走りにくいクレーコートやグラスコートの方がハードコートに比べるとより負担は大きいし、動かしにくい。

車いすテニスを観戦する時は、サーフェスによるボールの動きの違いやチェアワークにも注目して見ると、より楽しめると思うのでぜひ覚えておいてほしい。

クレーコートとグラスコートではテニスの内容がまったくと言っていいほど変わるため、全仏オープンを終えた選手はウインブルドンに備えてグラスコートの大会に出場するなど、グラスコート仕様の練習を行うのがセオリーである。

しかし僕はそれをしなかった。日本に戻り、全仏オープンとその翌週の試合で見つけた課題を克服するためのトレーニングの時間に当てたかったからだ。サーブで崩して主導権を握るという攻撃的なテニスを確立し、それに磨きをかけるため、熊田コーチと繰り返し練習をした。

そうした中で迎えたウインブルドンの初戦。対戦相手はヨアヒム・ジェラード選手（ベルギー）だ。片や2021年のウインブルドンチャンピオン、片やグラスコートでの試合は生まれて初めてという若造である。僕にとって難しい試合になることはあらかじめ予想されることだった。

試合は想定通りの展開となる。慣れないサーフェスでなかなか思うようにショットが決まらない。それでもなんとか喰らい付いたが、結局4－6、6－7のストレートでの敗戦となった。

どんな敗戦も悔しいに決まっている。ただ、負けてしまったものの、悲観的になることはなかった。初めてのグラスコートで前年のチャンピオンを相手に接戦を演じることができたという手応えの方が大きかった。

憧れのレジェンドとの死闘

2022年10月、楽天ジャパンオープンに出場。久しぶりに日本で試合ができるので、楽しみにしていた大会だ。

この大会で僕は決勝へ進出した。相手は国枝さんだ。この1年で4度目の対戦となる。

舞台は有明コロシアム。日本のテニスの聖地とも言える場所だ。

3度目ならぬ4度目の正直で、ぜひとも初勝利を挙げたいと考えつつ試合に臨んだ。

第1セットはともにサービスゲームをキープする静かな立ち上がりに。

試合が動いたのは3－3で迎えた第7ゲーム。僕は国枝さんにブレークを許してしまった。得意のサービスゲームを落とし、ここから3ゲームを一気に奪われ、3－6で大事な第1セットを失ってしまった。

第2セットもいきなり2ゲームを失う苦しい展開に。

このまま押し切られてしまうかもしれない……。

不安な思いが頭をよぎったが、会場の空気感が微妙に変わったことも感じていた。

国枝さんの勝利を見にきていたと思っていた観客が「頑張れ、小田」と僕のことを後押ししてくれたのだ。

諦めるのはまだ早い。

必ず試合の流れを変える一球が打てるはずだ。

僕はそう信じて集中力を高めた。

不思議なもので、自分のやるべきことを整理すると、途端にショットが決まるようになっていった。

流れを掴むとあっという間に6ゲームを連取。セットカウントを1－1のタイに戻した。

そして迎えた運命の第3セット。浮いたり沈んだり、まるでジェットコースターのような展開になった。

先にペースを握ったのは国枝さんだ。1－1から立て続けに4ゲームを連取され、1－5とリードを許した。

僕は凡ミスが多く、国枝さんの思う通りにプレーをさせられてしまっていた。

この展開はさすがにやばいかも……。

それでも最後の1ポイントが決まるまで、簡単に引き下がるつもりはなかった。

続く第7ゲームも僕にとってピンチの連続。常に先手を許してしまう苦しい展開で、15－40とチャンピオンシップポイントを許してしまった。

そこからリターンエースを2本決めてデュースに持ち込んだものの、アドバンテージを取られ、またもやチャンピオンシップポイント。

それでも自分でも「こんなに粘り強いんだ」と思うほどの粘り腰で、ブレークすることに成功した。

相撲で言うと、まさに徳俵に足のかかった状態だ。あと一押し喰らえば土俵を割ってもおかしくない状況だったが、ギリギリ踏みとどまった格好だ。

その後のことは実はあまり覚えていない。

目の前に来たボールを無心で打ち返しているうちにポイントを重ね、なんと5ゲームを連取したのだ。

ボールがどこに来るか分かるし、どこに打てば決まるのかも分かる、不思議な感覚だった。

決められてもおかしくないショットを切り返して、反対にウィナーを決めたプレーなどは、「ゾーンに入っていたから」としか説明できないものだった。

特にこのゾーンに入っている時は、楽しくて仕方がなかった。後にも先にも、そんな思いになったのは、この試合だけだった。

これでゲームカウントは6－5。

ベンチに戻ると観客から大声援が聞こえてきた。「頑張れ、小田」と僕を応援する声と、国枝さんを応援する声は半々といったところ。

「このまま行ける」

僕はずっと自分自身にそう言い聞かせていた。

このまま次のサービスゲームをキープさえすれば、勝利を手にできるというところまで国枝さんを追い詰めていた。

そして始まった第3セット第12ゲーム。

最初のポイントを取ったのは僕だった。

この時の会場は、8~9割が僕の味方ではなかっただろうか。

勝利まであと3ポイント。憧れだった国枝さんに、もしかしたら勝てるかもしれない……。

そんな思いが頭をよぎる。

そしてこの試合の運命を決するスーパーショットが飛び出した。

ショットを決めたのは、僕ではなく国枝さんだ。

僕のサービスに対し、国枝さんはバックハンドでリターンをした。クロスに返してくるという僕の予想に反し、ダウンザライン。読んでいても取れたかどうかわからない、ものすごい一打だった。

追い詰められたチャンピオンが土壇場で見せた起死回生のスーパーショット。

そのボールには「絶対に負けられない」と言う国枝さんの強い意志がこもっているように見えた。

どよめく会場。

取り巻いていた空気感が、この一打を機に変わってしまった。

このポイントを境に試合は一気に国枝さんの流れとなる。

百戦錬磨の国枝さんが一度掴んだ流れを簡単に手放してくれるはずがない。ゲームカウントを6－6に戻された後のタイブレークをきっちり取られてジ・エンド。またしても勝つことができなかった。

「国枝選手、本当にありがとうございました」

試合後のスピーチで、僕の口から真っ先に出てきた言葉は国枝さんへの感謝の気持ちだった。すると気持ちがたかぶってきて思わず涙がこみ上げてきた。

負けて悔しい涙ではなく、僕が車いすテニスを始めるきっかけとなった国枝さんと素晴らしい試合ができたことへの喜びの涙だった。

一方、国枝さんも僕に最高の賛辞を送ってくれた。

「凱人がツアーデビューをした2年前から、いつかやられる日が来るだろうなと思っていた。今日がその日なのかなと試合中も何度もよぎった」

この試合は車いすテニスの醍醐味・面白さが凝縮した一戦となった。おそらく観客の皆さんには、そのスピードと迫力を感じ取ってもらえたのではないだろうか。

この試合に関しては「見たよ」と声をかけられるケースが圧倒的に多かった。それだけ注目を集めた試合だったと思う。

自分にとってもこの試合は特別な試合だ。負けてしまったが「やり切った」という思いが強く、清々しい気持ちにさえなった。

もう二度とこんな試合はできないかもしれない。

この日のような試合を会場やテレビで多くの人に見てもらうことができれば、車いすテニスはもっとメジャーなスポーツになるのではないかと思っている。

もっと努力を重ねて、見ていて面白い、ぜひ観戦に足を運びたいと思ってもらえるようなテニスをしたいし、皆さんにお見せしなければならないと思っている。

国枝さんとの死闘の翌月、僕は世界車いすマスターズに出場した。

この大会は年間ランキングの上位８人しか出場することのできない、グランドスラムと同等のレベルの大会だ。直前のランキングで5位まで順位を上げていた僕は、史上最年少で初出場を果たしていた。

この大会で僕は16歳5カ月29日で優勝した。ヒューエット選手の持つ記録を3歳6カ月ほど更新する史上最年少優勝だ。こうして僕はまた一つ、車いすテニス界にその名を残すことに成功した。

２０２２年末時点での世界ランキングは3位。いよいよ史上最年少での世界一が射程圏に入ってきた。

2022年10月。楽天ジャパンオープンの
決勝で国枝慎吾さんとがっちり握手

UNI
LO

CHAPTER.6

高校2年生〜現在

憧れの存在から託された車いすテニス界

国枝さんからのラストメッセージ

2023年は僕にとって忘れられない1年となった。念願が叶い史上最年少で世界ランキング1位になると同時に、グランドスラム優勝も果たすことができたからだ。

ただ、忘れられない出来事はそれだけではない。

国枝さんから直接引退を告げられたことも僕にとっては大きな出来事だった。

全豪オープンなどいくつかの試合があるオーストラリアへの遠征に出発するため、空港で飛行機を待っている時の話だ。

僕の携帯電話が鳴った。

電話の主は国枝さんだ。

「引退することを決めた。俺がいなくなった後のこれからの車いすテニス界は凱人が引っ張っていってくれ」

僕は何も言葉を返すことができなかった。

国枝さんが引退するとはまったく思っていなかったからだ。

とうとう国枝さんには勝てないままだったな……。

電話を切ると、ふとそんなことが思い浮かんだ。

国枝さんに勝つことは車いすテニスを始めた時に抱いた一つの目標でもあった。

引退されると、その目標を達成することは永遠に叶わなくなってしまう。

そう思うと、僕の心にぽっかり穴が開いたようだった。

「車いすテニスプレイヤーになる」

骨肉腫にかかり、サッカー日本代表になる夢を諦めた時、車いすテニスプレイヤーになるという新たな夢が見つかったのは、2012年のロンドンパラリンピックでプレーする国枝さんの姿を見たからだ。

「ランキングを上げて、国枝さんが出場する大会に僕も出る」

僕が車いすテニスの試合に出始めた時、グランドスラムやパラリンピックなどのグレードの高い大会に出られるような選手になりたいと思ったのは、そうした大舞台で国枝さんが活躍していたからにほかならない。

「いつか国枝さんに勝ちたい」

初対戦以来、幾度となく高い壁となって僕の前に立ちはだかってきた国枝さん。そんな国枝さんに勝ちたいという思いが間違いなく僕を成長させた。

国枝さんは僕のテニス人生に常に影響を与えてきた人だ。憧れであり、目標としていた人が引退してしまった後の世界を想像することができなかった。

国枝さんとはこれまで、何度も対戦してきている。もちろん勝利を目指していたが、勝ち負けを抜きにして、対戦することが楽しみでもあった。前章でも触れたが、楽天ジャパンオープンでの国枝さんとの試合は車いすテニスをしていて、あれほど心から楽しめた試合はないほど素晴らしいものだった。

国枝さんはネット越しに車いすテニスの楽しさや厳しさなど、たくさんのことを教えてくれた。もう2度と真剣勝負ができないということの方が、勝てなかった悔しさよりも大きい気がする。

とにかく本当に、国枝さんには感謝の言葉しかない。

結局一度も勝つことができなかったが、今ではそれで良かったのではないかとも思っている。

もし国枝さんに勝ってしまっていたら、それで満足してしまったに違いないからだ。「強くなろう」「うまくなろう」という向上心を無くしていたことだろう。

史上最年少での世界ランキング1位にグランドスラム制覇も達成できなかったかもしれない。

僕にとって国枝さんはそれだけ大きな存在だった。

僕のチャンピオンロード

大きな目標であった国枝さんという偉大な選手は惜しまれつつ引退してしまったが、その一方で新たなライバルが僕の前に立ちはだかった。アルフィー・ヒューエット選手だ。

国枝さんからの言葉を胸に刻んだ僕は、年明けから好調を維持。全豪オープンを含む3大会で、全て決勝へ進出した。

ただし、決勝ではいずれもアルフィー選手に敗れてしまっている。

特に全豪オープンでは、初めてグランドスラムで優勝するチャンスを掴んだが、3－6、1－6と力の差を見せつけられた形となった。

史上最年少の世界ランキング1位を実現するためには、どうしても越えなければならない高い壁だった。

アルフィー選手のプレースタイルは、僕とよく似ている。パワフルで攻撃的な選手だが、決して苦手なタイプではない。

主導権を握ることができれば、僕にだって十分勝機はあると思っていた。

２０２３年は出場した大会で、コンスタントにベスト４以上に入るなど、安定した成績が残せるようになったのもまた事実だ。

足りないのはタイトルだけ。

一つ壁をブレイクスルーすることができれば、そう遠くない将来に世界ランキング1位を獲得できるという手応えを掴んでいた。

そう思っていたのは僕だけじゃない。熊田コーチをはじめ、チームのみんなの共通認識だった。

ただその認識は、「世界ランキング1位になるチャンスが来るとしたら２０２４年になるのではないか」というもの。そのチャンスをものにするためにも、２０２３年にしっかり力を蓄えておくことが大切などとチームで話し合っていた。

でも僕にはすぐにチャンスが巡ってくるという予感があった。

3月のアメリカで行われた大会で僕は優勝した。

僕はさらに4月に日本で行われた2大会（ダンロップ神戸オープン、ジャパンオープン）でいずれも優勝。アルフィー選手とのポイント差を一気に詰めるとともにランキングも2位に浮上した。

1位のアルフィー選手とのポイント差は58ポイント。次の大会に僕が出場してポイントを稼ぎ、ヒューエット選手が欠場してポイントを落とせば、その時点で僕が1位になるという僅差になっていた。

まだ先のものだと思っていた世界ランキング1位の座が、もうすぐのところまで来た。

すぐ次に行われる大会に出場したら、その大会で世界ランキングが1位になることは予想できた。

でも、せっかく1位になるなら、大きな舞台が良い。

僕たちがターゲットにしたのは全仏オープンだ。

グランドスラムであればアルフィー選手も必ず出場する。おそらく決勝戦で対決することになるだろう。

直接対決で勝てば逆転して世界ランキング1位になれる。これ以上分かりやすい図式はない。

もちろん簡単に勝てる相手ではないことも十分に分かっている。

ただ1位になるだけであれば、アルフィー選手が出ない大会を狙って出場し、優勝すれば実現できる。

でも、そんな安易な方法で1位になったって、ちっとも嬉しくない。

世間に対するインパクトも大きくはないだろう。

だったら、多少のリスクは伴っても、グランドスラムでの優勝と世界ランキング1位獲得を同時に達成することを目指したほうが良い。間違いなく、大きな注目を集めるからだ。

そう決断した僕は、バルセロナオープンなど全仏オープンの前哨戦となる大会への出場をキャンセル。

全仏オープンに全てをかけることにした。

その結果は……プロローグに書いた通りだ。

僕は決勝でアルフィー選手に勝ち、史上最年少の世界ランキング1位とグランドスラム優勝という誰も成し遂げたことのない快挙を達成してみせた。

綿密にプランを立て、絶対に達成しようと強い意志を持って取り組んだからこそ、夢を叶えることができたのだと思っている。

凱人、凱旋門へ凱旋する

全仏オープンで優勝を決めた翌日、僕はパリにある凱旋門を訪ねた。僕の名前の由来となっている建物だし、一度は生で見たいと思っていたからだ。

凱旋門が建設されたのは１８０６年。今から２２０年近くも前のことだ。フランスの皇帝ナポレオンが、アウステルリッツの戦いにフランス軍が勝ったことを記念して作ることを決意したと言われている。

高さは50メートル。234段の階段を上り切ると展望スペースがあり、パリ市内を見渡すことができる。

もちろん写真や映像では何度となく目にしていたが、間近に見た凱旋門は迫力があり、威厳に満ちていて、とてもかっこよかった。

同じ「凱」という漢字が使われているせいなのか、シンパシーというか惹かれ合うものも感じられた。

2024年にはパリでパラリンピックが行われる。史上最年少の金メダリストとして、この建物を再び凱旋したいと強く思った。

史上最年少世界ランキング1位、グランドスラム優勝のインパクトは相当に大きかったようだ。大会後に一時帰国をしたが、空港では多くの人が出迎えてくれたし、取材に集まったメディアも相当の数にのぼっていた。

ここまでの歓迎ぶりに、僕はとてもびっくりした。

ラインやメールにも次から次へとおめでとうメッセージが届いた。正確に数を数えたわけではないが、おそらく100件や200件どころではなかったはずだ。「ありがとう」と返信するのもひと苦労だった。

ラグビー日本代表の選手が、2015年のワールドカップで南アフリカに勝利するなど結果を残して日本に帰国した時、出迎えがすごくて「一夜にして世界が変わった」と話しているのをスポーツニュースで見た記憶がある。

僕の状況もまさにそれ。

僕が出発することは関係者しか知らなかったのに、帰ってくる時にはこの状況。本当に一夜で世界が変わることを体感した。

世界一の感激に浸れたのはほんのわずかの間だけ。なぜなら、すぐに次の試合がやってくるからだ。

ある意味、プロの車いすテニスプレイヤーの宿命とも言える。

歓喜の全仏から約1カ月後、ウインブルドンへの挑戦が待っていた。前年は1回戦で負けてしまったが、この年は順調に勝ち上がり決勝へと駒を進めることができた。

決勝で当たるのはまたもやアルフィー選手だ。イギリス出身だけに地元の声援を受け全仏の借りを返そうと意気込んでくるだろう。

おそらく難しい試合になる。

そんな覚悟を持って試合に臨んだ。

果たして、戦前の予想通り、アルフィー選手は開始から攻撃的なプレーを展開してきた。

今日は負けられない。

そんな気迫が感じられた。

観客席も気迫みなぎるアルフィー選手をサポートする。彼がいいプレーをすると大きな歓声が上がり、逆に僕がウィナーを決めるとため息が漏れた。

まさに「完全アウェー」の状態だ。

もともと想定内のことだったし、歓声も僕への激励と思うことしていたので、アルフィー選手への声援はさほど気にならなかった。むしろ、たまに聞こえてくる「頑張れ〜」という日本語の声援が僕に力を与えてくれた。

第1セットは一進一退の攻防が続いた。

お互いに1回ずつブレークして、ゲームカウント4－4で迎えた第9ゲームで僕が2回目のブレークに成功。アドバンテージを取られていた場面でもひるまずに攻め続けポイントを奪えたことが結果に繋がった。

そのまま次のサービスゲームをキープ。粘り合いの中、第1セットを奪えたことがこの試合のポイントだったかもしれない。

第2セットはいきなり2ゲームを奪われたものの、サーブで相手を崩す自分のテニスに徹し、その後の6ゲームを一気に奪って優勝を決めた。

伝統と格式のあるウインブルドンでも、史上最年少のチャンピオンということになる。僕の中にまた新しい勲章が一つ増えた。

全仏オープン、ウインブルドンとグランドスラムを2大会連続制覇したことで、世間の注目度はまた一段と上がった。

学校の公民のテストで僕のことに関する問題が出たとか、電車の中吊り広告に僕の写真が載っていたとか、渋谷のスクランブル交差点にある大型ビジョンに僕の映像が流れていたとか、知り合いからそんなメールもたくさんもらうようになる。

僕のインタビューをテレビで見た、という話であれば僕も知っていることなので「ああ、あれね」ということになるが、まったく知らないところで僕の話題が出ていることで、自分が注目されていることを、より実感するようになった。

イギリスから帰ってきた8月には、「日本生命HERO'S CUP」というイベントを行った。このイベントは車いすの子どもたちに集まってもらい、車いすテニスを体験してもらうもの。発起人として僕も企画から携わった。

実は僕も小学5年生の時に同様のイベントに参加し、憧れだった国枝さんと触れ合った。その時の高揚感や興奮は今でも忘れることなく覚えている。

今度は僕が子どもたちに夢や希望を与える番。

そんな思いがあったので、どうしても実現させたかったイベントだ。

当日は全国から13人の車いすの子どもたちが参加してくれた。

一緒にテニスをしたり、僕の練習風景を見てもらったり、共に楽しい時間を過ごすことができた。この中から将来、僕と戦ったり、同じ舞台でプレーしたりする車いすテニスプレイヤーに出てきてほしい。

こうした取り組みは、もちろんこの1回で終わらせるつもりはなく、機会があればまた開催していきたい。

子どもの頃の僕は「ヒーローになりたい」という願望を持っていた。特に好きだったのは仮面ライダーだ。ライダーのように子どもの目の色を変えられるような人になりたいと本気で思っている。

僕はプロ転向宣言時の記者会見で、「病気と戦っている子どもたちのヒーロー的な存在になりたい」と発言した。その気持ちはずっと不変のものだ。

ただ病気の人のためだけのヒーローになるつもりはない。悩んでいたり、困難に直面したりしている人は、病気の人だけではないからだ。

僕のプレーや言動で、多くの人を勇気づけたいと考えているし、それがプロ車いすテニスプレイヤーとしての僕の役割だ。

僕は誰からも憧れてもらえるみんなのヒーローになりたいといつも思っている。

プロ車いすテニスプレイヤーになって、ただテニスをしていれば良いわけではないとつくづく思う。ランキングが上がるにつれて、メディアへの出演も、スポンサーへの対応も、ファンサービスも、全て大切な仕事だと実感するようになった。

さまざまな形で応援してくれる人がいるからこそ、僕はプロとして競技に専念できる。

しっかりと結果を残し期待に応えることだけでなく、多くの人に車いすテニスの面白さを知ってもらい、車いすテニスへの関心を高めることもプロ車いすテニスプレイヤーとしてできることだと思っている。

俺がやらなきゃ誰がやる！

パリパラリンピックに向けて

2023年10月に中国で行われたアジアパラ競技大会に初めて出場し、優勝することができた。この優勝により、2024年のパリパラリンピックへの出場権を獲得している。

次回のアジアパラ競技大会は2026年に僕の生まれ故郷の愛知県で開催される。普段、僕がエントリーをするような車いすテニスの大会は、残念ながら愛知で行われることはない。2026年のアジアパラ競技大会は地元の人に僕のテニスを観戦してもらえるまたとないチャンスだ。

僕自身も大会をとても楽しみにしている。ぜひ多くの人に見にきてもらいたい。

パラリンピックイヤーとなる2024年は最高の幕開けとなった。

新年最初のメルボルンオープン、続く全豪オープンと優勝。これで、グランドスラム3大会目を制覇したことになる。

2024年は開催されないが、残る全米オープンで優勝すれば、史上最年少での生涯グランドスラムが達成できる。

パリで行われるパラリンピックはとても楽しみにしている大会だ。

何しろ重みが違う。

グランドスラムは1年に4回あるが、パラリンピックは4年に1回しか行われない。

そもそも僕が車いすテニスを始めたきっかけが、2012年のロンドンパラリンピックで国枝さんが金メダルを獲得したシーンを見たことだ。

パラリンピックに出て、そこで金メダルを獲得することが一番の目標となる。

世界ランキング1位とグランドスラム初優勝を飾った思い出のパリで金メダルをとり、応援してくれている日本のみなさんの元へ凱旋する。

それを実現させることが、今の僕の一番の夢であり目標だ。

2023年6月。ウインブルドンを制し、優勝カップを掲げる

エピローグ

僕の人生は面白い。

この本を書くにあたって、生まれてから17年間の道のりをざっと振り返ってきたが、自分で言うのも何だけど、こんな夢物語のような人生を送ってきた人はそうはいないだろう。

このような人生を送ってきたことを、僕は誇りに思っている。

9歳で骨肉腫を患った時、その8年後の17歳で車いすテニスの世界チャンピオンになるなんて、夢にも思っていなかった。

病気を発症する前、サッカー少年だった僕は本気で日本代表選手になりたいと思っていた。毎日のようにヘトヘトになるまで練習に明け暮れていた。

辛いと思った時もあったが、「日本代表になるという夢を叶えるためだから」と前を向いて頑張ることができた。

そして9歳の時に骨肉腫を発症。

大好きだったサッカーはもう二度とできない。

サッカー少年だった僕にとっては残酷な現実だったが、すぐに前を向くことができた。

サッカーと同じか、いやそれ以上に好きなものができたからだ。

それが車いすテニスだった。

病院の体験会で競技用車いすに乗った時に爽快感を知り、2012年のロンドンパラリンピックで国枝慎吾さんが金メダルを獲得した時の映像を見た僕は、一瞬にして車いすテニスに魅了された。

「世界一の車いすテニスプレイヤーになる」

退院後、小学4年生の時に車いすテニスを始めてから今に至るまで、足を止めることなく、ずっと走ってきた。

そうすることができた一番の原動力は車いすテニスが大好きという思いだ。

僕と同世代の高校生や、年下の中学生や小学生の子どもたちに聞いてみたい。

みんなは好きなことをやっているだろうか？

本当はやりたいことがあるのに我慢していないだろうか？


僕は車いすテニスという大好きなスポーツに出合い、「世界一の車いすプレイヤーになる」という夢を抱いて、一途にそれを追いかけてきた。

だからこそ、史上最年少で世界ランキング1位になり、史上最年少でグランドスラムを制覇することができた。

もし、やりたいことがあるのに我慢している人がいたら、今すぐ我慢はやめよう。

多くの大人が戻りたいと惜しむ10代の頃。そんな僕らにやりたいことを我慢している暇はない。

時には大人の言うことは後回しにしてしまって、もっと自由に好きなことに打ち込もう。

思うがままに行動することは大切なことだと僕は思っている。

二刀流を貫き全米を熱狂させているロサンゼルス・ドジャースの大谷翔平選手。

得意のドリブルを武器に本場のファンを唸らせているブライトンの三苫薫選手。

史上初めて8つのタイトルをすべて独占した棋士の藤井聡太八冠。


僕たちより少し年上で、それぞれの世界で大活躍している超一流の人たちに共通しているのは、好きな道を見つけ、その道を一心不乱に進んでいるということだ。

大谷選手は野球が、三苫選手はサッカーが、藤井八冠は将棋が、それぞれ好きで好きで仕方ないことがプレーなどを見て伝わってくる。

その道を極めている多くの人は、まずその道が好きなこと。それが前提条件になると思っている。


好きなことや夢がなかなか見つからずに、悩んでいる人もいるかもしれない。

でも嫌いなものを無理に好きになろうとする必要はない。

僕は常に「直感」を大事にしてきた。

車いすテニスを始めたのも直感だった。観た瞬間「これだ」と思った。

「僕はこれがしたいんだ」

特に理由もなくそんな感情でこの競技を選んだ。

好きに理由なんてない。僕はそう思っている。

そして、今でも「好き」という感情が一番の原動力になっている。


では、どうしたら好きなことに出会えるのか。

そもそも好きなことは見つけようと思って見つけるものではなく、気がついたら好きになっているものだと思う。

ただ、好きと出会った当時の僕を思い返すと、アンテナは高く張っていたと思う。

感度良くいろいろな情報をキャッチして、その中から自分に合う、合わないと取捨選択していけば、きっと「これだ！」と言うものが見つかるはずだ。

言い換えれば、それは「好奇心」。常に好奇心を持って日々の生活を送っていれば、きっと何かがアンテナにひっかかってくる。

とにかく大切なのは自分の感情に従うことだ。

自分の夢もそうだし、進路もそう。

人に決められて「はい、そうですか」と納得する人は少ないはず。

まずは自分を信じて決めた道を進むことが大切。自分の決めた道であれば、どんな困難だって乗り切れると思う。

僕はそうしてきた。

他人に流されたり、迷わされたりすることなく、自分が好きで決めた道を信じて突き進んでいってほしい。


もちろん、僕もこれまでと変わらず、自分で新たに描いた夢を追いかけていくつもりだ。

世界一の車いすテニスプレイヤーになるという夢は叶えることができたが、これで終わりにするつもりはない。僕にはこれから大きな舞台が待っているから。

パラリンピック。

今年に入ってパラリンピックでプレーする自分が何十回も夢に出てきた。どんな夢かは秘密だけど。リアル夢物語。

まるでドラマのような、そんな物語のクライマックスになると信じている。

ただそんなクライマックスも第一章の話だ。

パラリンピックが終われば、僕の競技人生第二章が始まる。

アスリートとして競技レベルを上げ続けることはもちろんだが、どうしても、勝つだけでは満足できない。やっぱり満員の観客の前で優勝したい。多くの人が熱狂し興奮するような試合がしたい。

でもまだ観客席が満席に埋まることが珍しいこの競技。

だから面白い。

実現するその日まで　僕は勝ち続けていく。

2024年6月

小田凱人

小田凱人のあゆみ

年	月	できごと
2006年	5月	愛知県一宮市内の病院で誕生
2013年	4月	一宮市立瀬部小学校へ入学
	9月	FCディバインへ入団
2015年	2月	左足に痛みを感じるようになる
	6月	名大病院を受診。骨肉腫と診断され、すぐに入院する
	10月	病院でパラスポーツの体験会に参加
2016年	3月	退院。入院生活は9カ月にも及んだ
	4月	車いすテニスを習い始める
	8月	公式戦初出場。川合雄大選手に0−6で敗れる
2017年	2月	二分の一成人式で「世界一の選手になる」と宣言
	12月	右肺への転移が発覚し手術をする
2018年	8月	初のシニア大会となる仙台オープンに出場
2019年	3月	瀬部小学校を卒業
	4月	一宮市立西成中学校へ入学
	7月	初めての海外遠征。オランダの大会に出場
	9月	楽天ジャパンオープンで国枝慎吾選手と初対戦（ダブルス）
2020年	2月	18歳以下世界一決定戦、世界ジュニアマスターズで史上最年少優勝（13歳8カ月25日）
	4月	二度目の肺転移が発覚。胸腔鏡手術
		新型コロナウイルス感染拡大の影響で試合ができない日が続く

2021年	4月〜5月	東京パラリンピック出場をかけ、海外遠征へ トルコで4大会連続優勝を飾る
	5月	史上最年少(14歳11カ月18日)で世界ジュニアランキング1位
	6月	わずかのポイント差で東京パラリンピック出場を逃す
	10月	ワールドチームカップ(ジュニア)で日本の初優勝に貢献
2022年	3月	西成中学校を卒業
	4月	通信制の高校へ入学 株式会社東海理化と所属契約を結ぶ 史上最年少(15歳11カ月20日)でプロ転向を宣言
	5月	史上最年少(16歳23日)でグランドスラム(全仏)初出場
	10月	楽天ジャパンオープン決勝で国枝選手と死闘を演じる 世界車いすマスターズに史上最年少での出場と優勝を果たす
2023年	1月	国枝選手が引退を表明。後を託される 全豪オープン準優勝。4大大会初の決勝進出
	6月	全仏オープンで史上最年少(17歳1カ月2日)優勝 史上最年少(17歳1カ月4日)で世界ランキング1位に
	7月	ウインブルドンで初優勝
	8月	ニューズウィーク日本版2023「世界が尊敬する日本人100」に選出 Forbs JAPAN 30 UNDER 30 2023受賞 4つのギネス世界記録に認定される
	8月	日本生命HERO's CUP&岐阜オープンを開催
	10月	アジアパラ競技大会で初優勝
	11月	ファッションショーでモデルデビュー
2024年	1月	全豪オープンで初優勝。生涯グランドスラムに王手

TOKITO ODA

［小田凱人パーソナルデータ］

ニックネーム	トッキー
生年月日	2006年5月8日
星座	おうし座
血液型	A型
身長	175センチ
体重	65キロ
視力	両目とも1.5
利き腕	左腕
好きな食べ物	うなぎ
好きなミュージシャン	尾崎豊、bad hop、jp the wavy
好きな曲	『僕が僕であるために』（尾崎豊）
好きな映画	『LORDS OF DOGTOWN』
趣味	絵を描くこと
好きな色	黒、緑
お気に入りの国	日本
座右の銘	特になし
色紙に書く言葉	Dreamer

[主な史上最年少記録]

世界ジュニアマスターズ優勝	13歳8カ月25日
世界ジュニアランキング1位	14歳11カ月18日
プロ宣言(国内)	15歳11カ月20日
ワールドチームカップ出場	15歳11カ月24日
グランドスラム初出場(全仏オープン)	16歳23日
世界車いすマスターズ優勝	16歳5カ月29日
全豪オープン初出場	16歳8カ月16日
グランドスラム初優勝(全仏オープン)	17歳1カ月2日
世界ランキング1位	17歳1カ月4日

[主な受賞歴]

ITF車いすテニスジュニアオブザイヤー2021(日本人初)

ニューズウィーク日本版2023
「世界が尊敬する日本人100」選出

Forbs JAPAN 30 UNDER 30 2023受賞

凱旋 9歳で癌になった僕が17歳で世界一になるまでの話

2024年6月30日　初版発行

著　者　小田凱人

発行人　木本敬巳
編　集　伊奈 禎

発行・発売　ぴあ株式会社 中部支社
〒461-0005　名古屋市東区東桜2-13-32
[代表]052-939-5555　[編集]052-939-5511
ぴあ株式会社 本社
〒150-0011　東京都渋谷区東1-2-20 渋谷ファーストタワー
[大代表]03-5774-5200

構　成　鶴 哲聡（ネオパブリシティ）
デザイン　金井久幸（TwoThree）
DTP　TwoThree
表紙撮影　武富将洋
写真提供　アフロ（アフロスポーツ、Panoramic、SportsPressJP、PA Images、AP、REX、ロイター）
制作協力　一般社団法人トップアスリートグループ

印刷・製本　TOPPAN株式会社

ISBN978-4-8356-4695-4